なるにはBOOKS

大学
学部調べ

建築学部

いのうえりえ 著

ぺりかん社

はじめに

建築学というのは、非常におもしろくて不思議な魅力《みりょく》に満ちた学問です。

建築学部と聞くと、理系で物理や数学が得意な中高生がめざすところと思ってしまう人もいるかもしれません。しかし、実際の建築学はちょっと違《ちが》います。

確かに建築に必要な工学的な知識と技術を修得する学問ですが、その中には歴史など文系の要素も盛《も》りだくさん。デザインも学ぶので、芸術的な側面もも持ち合わせています。

実は「建築学部」という名称《めいしょう》の学部は最近までありませんでした。はじめて「建築学部」という名称《めいしょう》の学部が誕生《たんじょう》したのは、2011年のこと。工学院《こうがくいん》大学と近畿《きんき》大学が最初です。その後、徐々《じょじょ》に増えていき、現在は10以上の大学に「建築学部」が設置されています。

ただ、建築学そのものの歴史は古く、学べる大学は今も昔《むかし》も全国各地にあります。

多いのは、工学部や理工学部の中にある「建築学科」ですが、デザイン工学部、建築都市デザイン学部、都市環境《かんきょう》学部、都市科学部、建築・デザイン学部などといったそれぞれの名称《めいしょう》の学部の中に、建築学科が設置されていたりします。また、最近は女子大の家政学部の中にあった建築学の分野を独立させる動きが、新たに出てきたりしています。

では、そもそもなぜ2011年以降、独立したかたちで「建築学部」が設置され始めたのか？　それは、建築学が先ほどもいったように歴史が入っていたり、芸術的な側面をもち合わせているのに加え、社会学、人間科学など幅広《はばひろ》い領域を包括《ほうかつ》する学問に発展し、もはや工学の枠《わく》ではおさまりきらなくなったからです。

なぜ、そこまで広がったかというと、私たちにとって、建築はもっとも身近で、私たちの暮らしのシーン一つひとつをかたちづくり、彩《いろど》ってくれるものだからです。

ぜひ読んでいただきたいのが、「教員インタビュー」「学生インタビュー」「卒業生インタビュー」です。さまざまな立場で、そしてさまざまな切り口で建築にかかわっている人たちのリアルな声がそこにあります。

なお、『大学学部調べ　建築学部』が完成するまでに、日本建築学会の全国建築系大学教育連絡協議会運営委員会幹事で、工学院大学教授の野澤康さんをはじめ、インタビューに登場いただいたみなさま、その関連でご尽力《じんりょく》くださった大学や企業《きぎょう》の関係者のみなさまなど、たくさんの方にお力添《ちからぞ》えをいただきました。この場をお借りして御礼申し上げます。

この本が、少しでも建築に興味をもつきっかけになることを願っています。

著者

建築学部　目次

5章 建築学部をめざすなら何をしたらいいですか？

＊本書に登場する方々の所属・情報などは、取材時のものです。

1章

建築学部は
どういう学部ですか？

Q1 建築学部は何を学ぶところですか？

建築物や空間にまつわる学問

　日々暮らしていく上で必要なものを「衣食住」というのを知っているかな？　文字どおり、衣類と食と住居のことなんだけど、建築学はこのなかの「住」、住居の部分にかかわってくる学問だ。といっても、実は建築学はもっと広い意味で「住」をとらえていて、商店街に立ち並《なら》ぶお店やオフィス街のビル群、図書館や学校といった公共施設《しせつ》、さらには、まちや都市、地域社会までをも守備範囲《はんい》としている。つまり、**人間を取り巻くすべての建築物や空間について研究するのが建築学であり、それを学ぶ場が建築学部だ。**なお、日本《にほん》の大学には建築学を学べる場が、学部にあったり、学科にあったりするが、この本では便《べん》宜《ぎ》的《てき》に「建築学部」と統一して紹介《しょうかい》していく。

　おもしろいのは、建築物をつくる工程の一つひとつもそれぞれ学問の専門分野として確立されていること。たとえば、家やビルなどを建てる場合、最初にまず設計やデザインを

どうするかを考え、図面を起こす。その上でどんな構造にするか、建材など材料は何を使うか、建物の中に入れる設備はどうするかなどを決めていく。その後、実際に大工さんたちが建物をつくっていくわけだが、今、挙げた設計、デザイン、構造、材料、設備などが科目になっているというわけ。しかも、さっきもいったように建築物だけでなく、学びの領域にまちや都市、地域社会も入ってくる。

ついでにいっておくと、建築学の領域はそれだけではない。追々紹介《しょうかい》していくけれど、とにかく実に幅広《はばひろ》いジャンルのことを学び、研究するのが建築学なんだ。

ローマの建築家の言葉「強」「用」「美」が今も建築学の基礎《きそ》に

建築学は人類とともに発展してきたといっても過言ではない、歴史ある学問でもある。事実、紀元前30~20年頃《ごろ》に、古代ローマの建築家ウィトルウィウスという人が、『建築十書』という建築書なるものを書いている。建築を学ぶ上では欠かせない古典の名著だ。その中に「建築は強さと用と美の理が保たれるようにつくられるべきである」と記されているのだが、この「強」「用」「美」は今なお建築学の基本になっている。

「強」とは建築物の耐久性《たいきゅう》、丈夫《じょうぶ》さのこと。建築物は雨風をしのげればいいわけではない。地震《じしん》や台風などの災害から人を守るという役割があるんだ。そのために〝強さ〟が建築物には求められるのだ。

「用」は機能性や快適性のことだ。人が生活する建築物やまちに大切なのは、快適で使いやすいこと。たとえば、エアコンで室内温度を調整できたり、トイレなどの水まわり、すなわち給排水《きゅうはいすい》設備が整っていたりするだけで、私たちはかなり快適に過ごすことができる。「用」を追求することで、効率的な暮らしを実現できるというわけだ。

「美」は外観、内観などデザインの美しさが、建築物には必要だということを示している。なぜなら建築物は多くの人の目にふれるものであり、公共性が高いからだ。まちや都市にある建築物は誰《だれ》が見ても美しく、心地よいものであるべきだ

主な学部の系統別分類

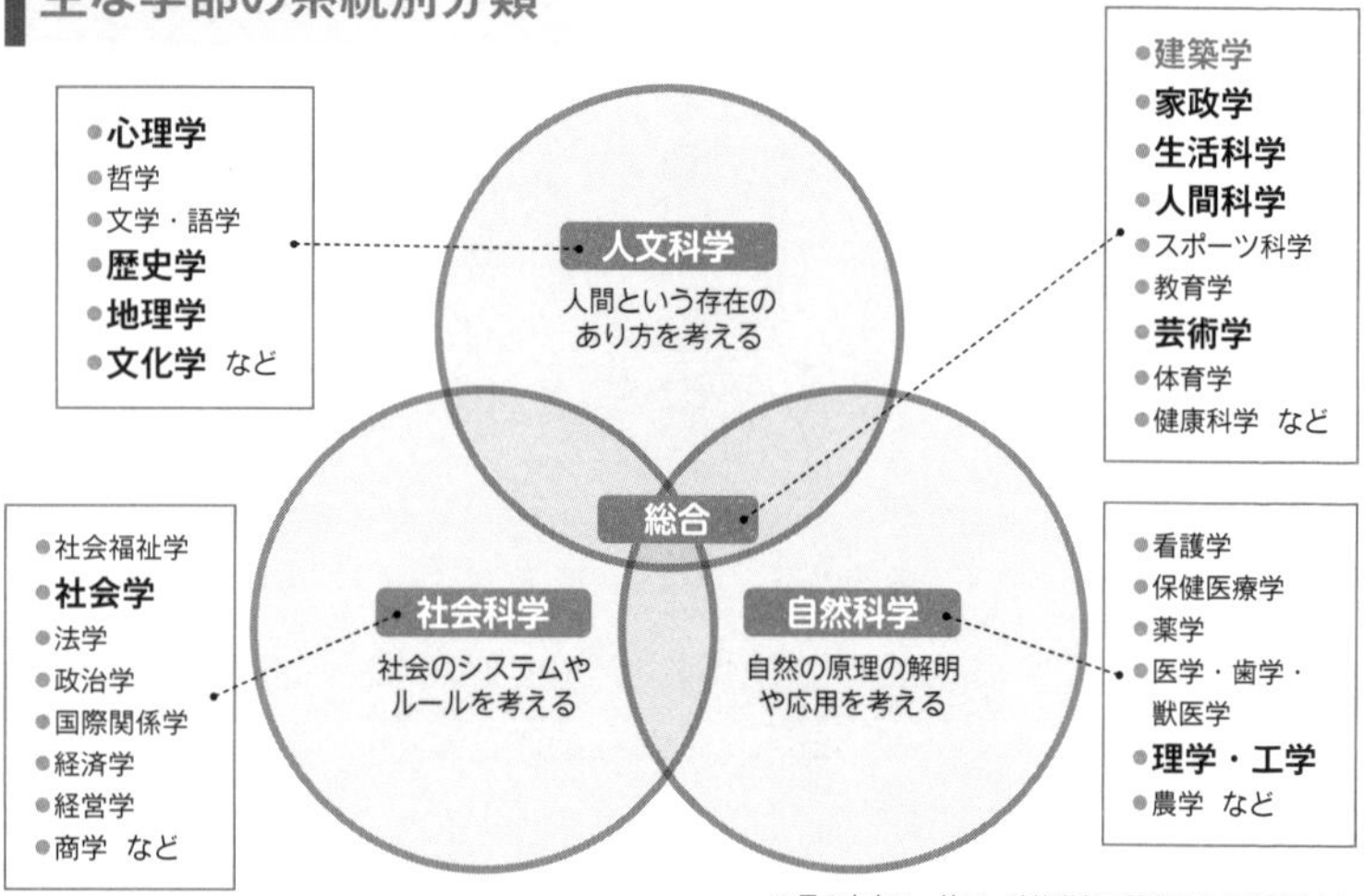

※黒の太字は、特に、建築学部に関連のある学部だよ！

と古代ローマの時代からいわれているというわけだ。

建築物だけでなく、建築学には防災も含《ふく》まれる

建築物だけでなく、まちや都市、地域社会も学びの対象になっているのが建築学と話したけれど、そこから発展して安心安全なまちづくり、災害復興や地域再生、エネルギー環境《かんきょう》問題までも建築学部で学ぶ。ほかにも歴史や、大学によってはインテリアデザイン、プロダクトデザインについても学べるようになっている。はたまた、古くなった建築物を改修する、リノベーションなどについて学び、研究している大学もある。

古くから伝わる考え方「強」「用」「美」も大切にし、つぎつぎ新しいことに果敢《かかん》に挑《いど》み、自分たちの守備範囲《はんい》をどんどん広げている、それが建築学部の大きな特色だ。

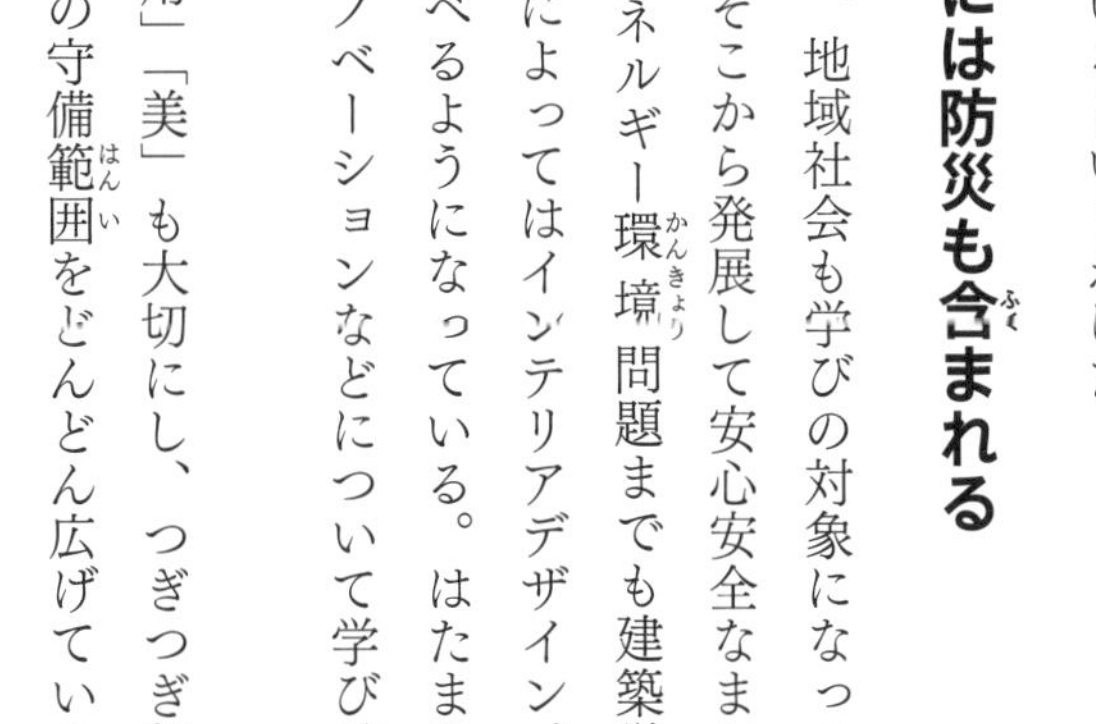

建築物の枠《わく》を超《こ》え、人の生活にかかわる空間すべてを研究する

Q2 どんな人が集まってくる学部ですか？

ものづくりが好きな人、絵心のある人が多い

学生になぜ建築学部に入ったか？　とたずねると、ダントツに多いのは「子どもの頃《ころ》から工作やものづくりが好きだった」という回答。「料理をつくるのが好きだった」という人もいれば、ブロックや鉄道模型に夢中《むちゅう》だったという人もいる。

「絵を描《か》くのが好きだった」「美術が得意だった」という学生も多い。実は、子どもの頃《ころ》から絵を描《か》くのが好きだったり、得意な人はそれが後々大きな強みになってくる。

というのも、建築物をつくる際はまず頭の中にあるイメージを絵にすることから始まる。絵心がある人は図面を描《か》くセンスにも長《た》けているので、武器になるというわけだ。

建築物を見るのが大好きという人も

ものづくりや絵を描《か》くことに興味はなかったけれど、まちで見かける建築物に興味があ

ったという人も建築学部の学生には多い。

ちょっと自宅や学校の周辺でいいので、あたりを散策してみてほしい。風変わりなかたちをした家や、外観がほかとは異なり、凝《こ》ったデザインになっている建物がひとつや二つ、あるのではないだろうか。

それらを見て「ちょっとおもしろいな」とか、「気になるな」という人は、建築学部に入る素質十分！　それだけでなく、「あんなに不安定なかたちなのにたっていられるのはどうしてだろう」と疑問に思ったり、あるいは、有形文化財に指定されているような歴史的建造物を見かけると、その背景にある歴史が気になってワクワクするという人は、間違《まちが》いなく建築学部をめざしたほうがいい。実際、そういう人がこの学部にはたくさんいるからだ。そんな〝建築物マニア〟が多いというのもあり、同級生同士で、休日などを利用して建築めぐりを楽しんでいる学生が圧倒的《あっとうてき》に多いのがこの学部の特徴《とくちょう》だ。

理系が得意でなくても建築に興味があったからという人も

建築学部で学ぶにあたり、基礎《きそ》となるのは数学や物理。もともと工学部や理工学部の中に設置されていたこともあって、数学や物理が得意な人たちが多いのも事実。

しかし、建築学部は、実は理系のなかでは一番理系らしくない学部だ。芸術的な科目もあれば、社会学や歴史も学ぶなど文系的な側面も色濃《いろこ》い。したがって、必ずしも「私は理系じゃないから建築は無理」「数学が苦手だから難しい」といった理由であきらめる必要はないのである。

実際、文系から建築学部へ入学し、建築家になった人もいる。理系分野の授業で苦労するものの、決して可能性がゼロではないし、ほかの工学系の学部よりも断然、文系の人が挑戦《ちょうせん》しやすいはずだ。

また、**最近は自分なりの問題意識をもって、建築学部を選ぶ人も増えている。**

たとえば、ここ数年、大きな災害に見舞《みま》われることが多いというのもあり、「地震《じしん》や台風に強い建物づくり、まちづくりをしたくて建築学部を選んだ」という人も多い。

自分が暮らすまちの高齢《こうれい》化が進み、人口が減って空き地や空き家が増えたり、シャッター商店街が増えたことがふだんから気になっていた、という問題意識をもって建築学部へ入る人もいる。どうすれば空き地や空き家の有効活用ができるのか、そもそも人が来てくれないところへ人を呼び寄せるためにはどうすればいいのかを解決したいからと。

そこまでの問題意識はなくても、「東京《とうきょう》は人が多すぎるし、家もビルも密集している。ここに大地震《おおじしん》が来たらどうなるんだろう」などと考えたりしたことがあって、という人もいる。建築学は人間の営みに直結しているだけに、ふだんの生活の中で感じている疑問を解決したくてこの学部を選択《せんたく》するというわけだ。

いったんハマッたらとことん集中する人が多い

「設計製図」の授業と、4年生になってからの卒業制作というのが、建築学部のカリキュラムのなかでもとりわけ学生たちが時間を費やすもの。これらを進めるための作業に追われ、連日連夜、製図室や研究室にこもっているという学生もいる。それこそ課題も多く、ほとんどアルバイトもサークル活動もできなくて大変なのだが、むしろ課題が楽しくてつい時間を忘れてしまうほど、作業にのめり込《こ》んでしまうようだ。

また、建築学部には人とのコミュニケーションを楽しむ学生も多い。どちらかというと将来、建築家や研究者を志向する学生は好きなことに集中する没頭《ぼっとう》型、都市計画・まちづくりにかかわりたいという学生は人とのかかわりを大切にするタイプ、といった具合に大きく二つのタイプに分かれるかもしれない。

建築物が好きでものづくりに没頭《ぼっとう》する人が多い

Q3 学んだことを社会でどう活かせますか？

学んだことがそのまま活かせるのが強み

社会生活に実際に役立つ学問のことを実学というが、建築学部での学びこそ、実学そのもの。社会で活かせることばかりだ。

建築学部では入学すると、まず建築学の基礎《きそ》を徹底的《てっていてき》に学習する。その中で知識を習得し、「設計製図」の授業を通して実践的《じっせんてき》に基礎《きそ》技術を修得していく。

さらに、3年生から4年生にかけてそれぞれに選択《せんたく》科目を選ぶことになるが、Q1でお伝えしたように建築物が完成するまでの工程――設計、デザイン、構造、材料、設備などが一つひとつ専門分野となっていて、それらを学んでいくわけだから、当然、実践《じっせん》に即《そく》していることになる。

たとえば、建築意匠《いしょう》（設計）にかかわる授業をがんばって勉強した人は、その知識とスキルを活かして、卒業後は設計事務所や建設会社などへ就職して建築設計の仕事にたず

さわることが可能だ。

構造、材料系を選んで学んだ人は、地震《じしん》など大きな災害に強い建築物をつくるため、構造や建築材料の研究者として企業《きぎょう》や研究所などで活躍《かつやく》する場合が多い。

都市計画やまちづくりを選択《せんたく》して学んだ人は、それぞれが暮らすまちの専門家として活躍《かつやく》できそうだ。特に人口が減って閑散《かんさん》としたエリアが増えている昨今、これからは新たに開発するというよりも、いかに既存《きぞん》のものを継承《けいしょう》しながら活性化していくかが大きな課題でもある。まちづくりの知識とノウハウをもっていることで、その担い手としての活躍《かつやく》が期待できる。

実際、建築学部で学んだ人の多くは、自分の専門を活かせる建築関連の仕事や職種に就いている。それだけに学ぶ中で、どの分野を自分の専門にするかが大事になってくる。

自治体や企業《きぎょう》との連携《れんけい》した経験も社会へ出てから役立つ

多くの建築学部の先生たちは、自治体や企業《きぎょう》、NPO（民間非営利団体）、NGO（非政府組織）と連携《れんけい》してさまざまな研究のプロジェクトに取り組んでいる。

たとえば、ある大学の構造系の研究室では、企業《きぎょう》と産学協同研究（産学連携《れんけい》）というかたちで大規模な実験を行うことがあるそうだ。そこでは当然リアルに働く大人たちといっしょになる。学生たちにとっては、実際に社会に役立つ研究にたずさわることができるだけでなく、働く大人たちの姿を通して、「働くということはどういうことなのか」「自分には何ができるのか」をあらためて考える機会にもなっている。そういった経験やその時に考えたことは、後々、建築関連以外の仕事に就いたとしても大いに生きてくるはずだ。

また、現在は公務員として働いている卒業生は、学生時代に所属した研究室でたずさわった「まちづくりプロジェクト」での経験が今、大いに役立っているそうだ。当時の研究室の先生が、北海道《ほっかいどう》などの寒いエリアの住環境《じゅうかんきょう》について研究していたそうで、その手伝いで現地を何度か訪れたという。そこでは「実際に暮らしていて不便に感じることは？」「近くにあるとうれしい施設《しせつ》は？」など、一般《いっぱん》市民の方たちにアンケートをとったそうだ。「市民の声を聞くことの大切さをそこで学べたことが、今の仕事に生きています」と語ってくれた。同時に社会問題への意識も高めることができ、その後、「地域のために自分は何ができるんだろう」と自然に考えるようになったそうだよ。

学びで培《つちか》った広い視野と研究で身につけた応用力は何にでも活かせる

今まで紹介《しょうかい》してきたように建築学は、建築という大きな軸《じく》がありながらも、そこから派生してインテリアから都市、地域社会までを対象としている。スケールの幅広《はばひろ》さが建築

建築の学びは建築以外の分野でも応用が利く

学部の大きな特徴《とくちょう》だ。と同時に、建築学は、現代社会の大きな課題でもある持続可能な社会づくり、少子高齢《こうれい》化、人口減少などとも密接にかかわってくる学問でもある。

最近は土木や環境《かんきょう》分野、デジタル分野、AI（人工知能）やICT（情報通信技術）の活用について学べる機会が、建築学部でも増えてきた。グローバル化を視野に入れた教育や研究を実践《じっせん》し始めた大学もある。来るべき新しい社会に対応した知識も習得できるわけだ。

そういった意味でいうと建築学部は専門性の高い実学なので、そのまま社会で活かせるのはもちろん、建築関連以外の仕事に就いたとしても、建築学の学びで得た素養や研究の中で身につけた応用力は存分に活かせる。こんなに魅力的《みりょくてき》な学問はなかなかないよね。

2章

建築学部では
どんなことを学びますか？

Q4 建築学部には主にどんな分野がありますか？

大まかに「計画系」と「技術系」の分野がある

建築学は「建築」という誰《だれ》でも知っているものを対象にした学問だ。だが、その中身は実に幅広《はばひろ》く、そして奥《おく》が深い。本当にさまざまな角度、観点から「建築」を見つめる学問なのだ。そして、それらを学ぶ場所が建築学部なんだ。

本書では建築学を大まかに二つに分けて紹介《しょうかい》していこうと思う。ひとつは建築学について設計などを含《ふく》むソフト面から追究する「計画系」、そしてもうひとつがハード面から探っていく「技術系」だ。

「計画系」には、建築の設計・デザインにかかわる「意匠《いしょう》設計」（Q5参照）を筆頭に、さまざまな建築物のこれまでの歴史的背景などを学ぶ「建築史」、さらに建築計画やまちづくり、都市計画を学ぶ「計画」の分野が含《ふく》まれる。

実際に住宅やビルなどの建築物のデザインを考え、図面に描《か》くために必要な知識と技術を習得したり、歴史や文化、人間の行動について学びながら、「住みやすい住宅とは何か」「働きやすいオフィス空間にするにはどうすればいいか」といったことを探ったりする。

建築物だけにとどまらず、心地よい都市空間、田園空間にまで学びと研究の範囲《はんい》が広がっているのも大きな特徴《とくちょう》だ。

もうひとつの「技術系」とは、**数学や物理の力学を基本とした工学的な領域としての建築学のこと。物理的にどのように建築物をつくるかに重きを置いている分野である。**本書では「技術系」をさらに細分化して、つぎの四つの分野に分けて説明していこう。

・**建築構造**……人びとが安心して暮らせるよう、建築物の安全性・耐久性《たいきゅうせい》を、建物の構造面から追究する。

・**建築材料**……木や鉄、コンクリートなど建築に使われる建築材料について研究する。

・**建築環境《かんきょう》**……熱や空気、光や音など人間を取り巻く環境《かんきょう》の要素を対象にした分野。

・**建築設備**……快適で機能的な空間を実現するために必要な設備設計についての研究。

「計画系」「技術系」のそれぞれのくわしい説明はQ5以降にまとめてある。

なお、建築を学ぶ上では「計画系」「技術系」のどちらに進むにしても、両方の基礎《きそ》知識が必要となる。したがって、どの大学の建築学部でもそれぞれの基礎《きそ》知識を学ぶ科目は、1、2年生の段階で履修《りしゅう》することになっているよ。

海外では芸術的分野に

前に話したように、日本《にほん》では建築学部・建築学関連の学科は、工学部、理工学部に属す場合が多い。ところが海外では、芸術的分野として位置づけられている。日本でも数は少ないけれど、芸術大学の中に設置された建築学科もあるんだ。

工学部の中にある建築学関連の学科は、主にエンジニアリングとか、テクノロジー、すなわち技術の側面を重視したカリキュラムになっている。

かたや芸術学部の中にある学科では、アートやデザインといった面を重視したカリキュラム内容で、独創的な発想をもつ建築家の育成をめざしているところが

建築学部・学科で学ぶ分野

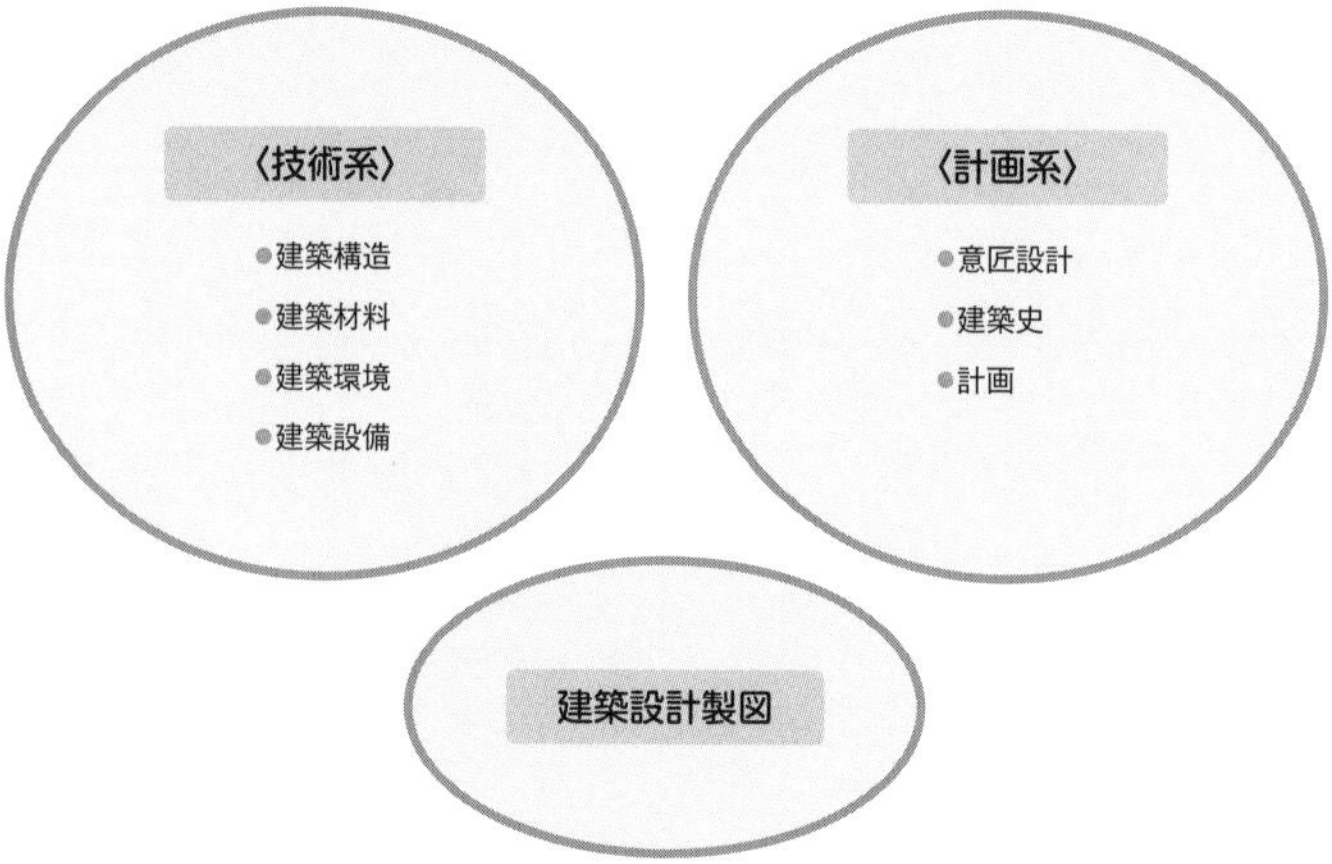

多いかな。そのため、先ほど説明した「計画系」のなかでも「意匠《いしょう》」の授業が充実《じゅうじつ》している。デザイン重視の建築を学びたいなら、芸術大学にある建築学科を選んだほうがいいかもしれないよ。

学部・学科名がバラエティーに富んでいる

「はじめに」でお伝えしたように、建築学部という名称《めいしょう》の学部は全国に10を超えるほどしかない。工学部や理工学部の中にある建築学科でも、大学によって学びの中身は全然違《ちが》っていたりするので注意が必要だ。

学部・学科名も大学によってそれぞれ異なり、実にバラエティー豊か。工学部、理工学部のほか、デザイン工学部、建築都市デザイン学部、都市環境《かんきょう》学部、都市科学部、建築・デザイン学部などといった具合にそれぞれ独自の名前の学部に建築学科を設置している。

一方、学科名は「都市デザイン学科」「まちづくり学科」など学ぶ内容に則した名前がつけられている。学科名まで見れば、どんなことが学べるかが想像できそうだ。

建築のハード面を学ぶのが「技術系」、ソフトが「計画系」

Q5 意匠・建築史系の分野では何を学びますか？

意匠《いしょう》設計（建築デザイン）

意匠《いしょう》とは直訳するとデザインという意味。建築学においては建築物の造形やデザイン、設計案などを指している。

ここではまず、デザインやどんな建物にするかを考える「意匠《いしょう》設計」について説明しよう。ちなみに「意匠《いしょう》設計」とほぼ同義語で、よく使われるのが「建築デザイン」だ。

「意匠《いしょう》設計」（建築デザイン）とは、私たちのまわりにある住宅や商店やオフィスビル、公共施設《しせつ》などの外観・内観のデザインを自分で考え、設計できるようになるための学問。簡単にいえば、「この場所に、こんな建物をつくってみたい」という思いを、具体的なかたちにできるようになるための知識と技術を習得する分野になる。実際に「意匠《いしょう》設計」を生業としている人が建築家だ。建築士、設計士ともいうこともある。資格制度もあるのでそれについてはQ17を参考にしてほしい。

建築物は完成したら終わりではなく、実はそこからが始まりだ。なぜなら、住宅であれば、そこから新しい暮らしが始まるし、商業施設《しせつ》であれば、商売が始まり、オフィスビルであれば、職場としての機能が稼働《かどう》することになる。

したがって、建築家はその建物をただ単にビジュアル的にかっこよく、美しく設計すればいいというものではない。誰《だれ》がどのように使うかという機能的な面をはじめ、周辺環《かん》境《きょう》とのバランスなどさまざまな側面を考慮《こうりょ》しながら、建物を設計していく必要があるんだ。

そういうことも含《ふく》めて建築家として活動していけるようになるために必要なことを学ぶのが、「意匠《いしょう》設計」ということになる。

「意匠《いしょう》設計」に関連する科目としては、共通科目のなかでは「基礎《きそ》設計・図法」「建築設計」「建築入門」など。さらに専門性を高めるための科目が「建築デザイン演習」「建築デザイン手法」「建築意匠《いしょう》論」などだ。

そして忘れてはならないのが「建築設計製図」の演習授業。くわしくはQ11で説明するが、少なくとも「意匠《いしょう》設計」を自身の専門分野として選び、建築家をめざすのであれば、必須の演習だよ。

建築史

これから新しい建築物をつくる仕事に就く人が、何も古い建築物の歴史をひもとく必要はないんじゃないかと思っている人がいるかもしれないけれど、そんなことは断じてない。**歴史を知ることは、デザインを考えたり描《か》いたりする上でものすごく大切なことなんだ。**温故知新《おんこちしん》という言葉があるように、古きよき建築物の歴史や知恵《ちえ》を知ることで得られるものは大きい。近所のお寺や神社でいいからよく観察してみてほしい。なにげに古材が組み込《こ》まれていたり、木の質感や特性を活かしてつくられていたりするんだよね。それが新しい建築物をつくる上でヒントになったりするわけだ。

建築史では「西洋建築史」「日本建築史」などは、選択《せんたく》必修科目か選択《せんたく》科目のひとつになっている。そこではロマネスク建築やゴシック建築といった西洋建築や、寝殿《しんでん》造り、書院造りといった日本の伝統的な建築様式など建築そのものの歴史や構法、材料、デザインなどの変遷《へんせん》について学ぶ。また、過去にその建物が建てられた社会的背景なども学習する。

なお、建築家をめざすのではなく、純粋《じゅんすい》に「建築史」を極める研究室もあって、その研究内容もさまざま。たとえば、歴史的建造物の建築図面の調査と文献翻訳《ぶんけんほんやく》を行って、昔《むかし》の姿を再現することに挑戦《ちょうせん》している研究室もあれば、教会堂建築に焦点《しょうてん》をあて、その教会がある都市を実際に訪れて、その成り立ちや歴史的意味について考え、文化財やまち並《な》み保全へとつなげるといった研究に取り組んでいる研究室もあるよ。

建築計画

Ｑ４で話した「計画系」のなかでも建築に関する計画のこと。たとえば、ある市で新しく図書館をつくることになったとしよう。まず、つくる場所や建物の大きさ、図書館に置く本の数、そこで働く人たちの人件費などを検討する。それが決まったらいよいよ設計だ。どれぐらいの利用者がいるかも想定しつつ、公共施設《しせつ》なので誰《だれ》もが気兼《きが》ねなく入れる雰囲《ふんい》気《き》だったり、人の動きも考えて本棚《ほんだな》の配置を考えていく。こんな具合に、**建築物はつくる前からつくった後のことまで考えて計画しなければならない。そのために必要な知識を学ぶのが「建築計画」なんだ。**今後の人びとの暮らしや社会の姿を想像しながら、社会のニーズに合った建築物を提案できるようになるために必要な学問というわけだ。

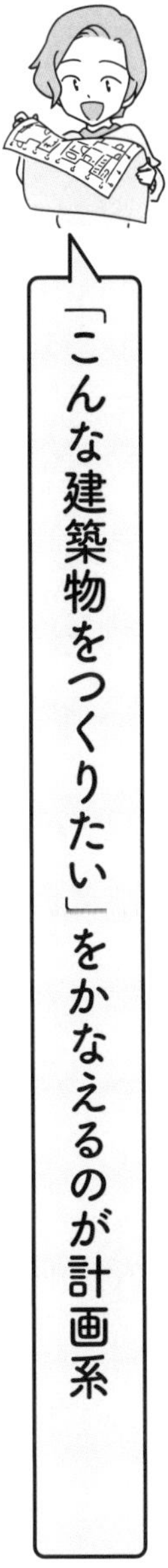
「こんな建築物をつくりたい」をかなえるのが計画系

Q6 都市計画・まちづくりの分野では何を学びますか？

都市計画

Q５で説明した「建築計画」は、ひとつの建築物についての計画だったけれど、それを都市全体のことをとらえて計画するのが「都市計画」。都市という規模の大きいものを対象にするだけに、「建築計画」より考えなければならないことのスケールも大きくなる。

都市といってもいろいろなかたちがあるよね。大きな商業ビルやオフィスビルがたち並《なら》んでいるところもあれば、戸建て住宅やマンションが並《なら》ぶ住宅地もある。あるいは、工場が多く密集している工場地帯のような場所もある。こうしたいろいろな地域は自然にできたものではなく、それぞれに計画があってかたちづくられたものなんだ。

都市という空間を計画するには、まずは将来こうあるべきだという姿を想定し、そこにどのような種類の建築物を、どれくらいの規模や形態でつくるのがいいのかを、その土地にふさわしいかたちで決めていく必要があるんだよね。その手法を学び、また研究するの

が「都市計画」という分野になるわけだ。

特にインフラの整備も、「都市計画」では重要だ。インフラとはインフラストラクチャーの略で、都市基盤施設《きばんしせつ》のこと。道路や鉄道、公園、河川、上下水道など私たちの生活に必要なものだが、これらをいかに効果的に配置し、整備していくかも「都市計画」の重要事項《じこう》なので、そのことについてもしっかり学ぶんだ。

まちづくり

まちづくりとは、何も一から新たなまちをつくることではないんだよね。既存《きぞん》のまちにある、さまざまな要素、たとえば交通インフラや都市機能などと、人びとの生活をうまく組み合わせ、より快適に住み続けられる〝まちをつくる〟ための方法を考えること。

私たちが多くの人たちとともに暮らすまちや都市では日々、さまざまな問題が起こっている。たとえば、地域に愛され続けてきた商店街のそばに大きな商業施設《しせつ》ができてしまったら？　お客さんがそちらへ流れてしまい、小さなお店の多くが経営困難になり、シャッター商店街になってしまう可能性だってある。

そういった商店街が日本各地で増えている昨今、まちづくりをうまく進めて起死回生をはたした地方都市の商店街もある。そこでは意欲ある人たちが地域振興の組織をつくり、話し合いを重ねて活性化の計画を練り、自分たちのまちをどうデザインするかを決めて、まち並《な》みをより暮らしやすいように変えることに成功したのだ。

そのほか、空き家を使いたい人たちを組織化し、活用計画をつくってオーナーと交渉《こうしょう》し、リノベーションによって地域の拠点《きょてん》に再生した事例もある。「まちづくり」の分野では、こうした地域の活性化、まちの再生、居住環境《かんきょう》の改善など実際のさまざまな事例をもとに、歴史・景観、福祉《ふくし》、自然、交通などさまざまな視点から、まちづくりを考えていく。地域の課題の読み解き方とともに、どう解決していくかまでも学ぶ。

まちづくりと建築物を建てることの大きな違《ちが》いは、まちづくりは、特に誰《だれ》かから依頼があったわけではなく、こちらからそのまちの暮らしをよくするために、「こんなふうに土地を使ってみませんか」と提案することが主な作業になること。いかにそこで暮らす人びとが納得する理想のまちをつくりあげていくか。そのためにはそのまちにふさわしい計画をつくったり、まちという空間にかかわる人たちの意志を集めてつながりや組織をつくったり、実現までのプロセスを組み立てることが必要になってくる。そのために必要な専門的な知識やスキルを身につけるのが「まちづくり」という分野になる。

「まちづくり」は、「都市計画」に比べると住民や市民の意見を尊重する側面がやや強く、対象とする地域の規模も小さい。草の根運動的な色合いがあるのが特徴《とくちょう》だ。

安心安全なまちづくり

日本はとにかく地震《じしん》が多い国だ。最近では2024年元日に起きた「令和6年能登半島地震《じしん》」が記憶《きおく》に新しい。倒壊《とうかい》した建物の下敷《したじ》きになって亡くなられた人も多かった。土砂崩《くず》れや液状化などによる被害《ひがい》も甚大《じんだい》だったよね。地震《じしん》だけでなく、台風や発達した積乱雲が短期間に大雨をもたらす線状降水帯による風災、水災などのさまざまな災害も日本は多い。空き巣や放火などの犯罪も後を絶たない。そういった**自然災害や人的災害への対策として「安心安全なまちづくり」が各地で始まっている。**ハード面ではなく、人と人のつながりやコミュニティー活動が活発であるほど災害による被害《ひがい》は少なくなるんだよね。実際、能登半島地震では死者を出さなかった地域があったのだが、そこはふだんから避難《ひなん》訓練を地域が一丸となって実施《じっし》していたからだったんだ。こうしたソフト面からの「災害に強いまちづくり」をテーマにしている研究室もある。関心があれば、探してみよう。

人が快適に暮らせる都市・まちを考える学問だよ

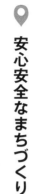

Q7 構造・建築材料の分野では何を学びますか？

建築構造（構造設計）

建物をたてる際、確かに見栄えが美しくかっこよく、かつ使いやすいことは大切だ。でも、Q6でふれたように日本は地震《じしん》や台風など自然災害が多いので災害に負けない、安全な建築物を設計する必要がある。「どんなかたちにすれば、壊《こわ》れないだろうか」「梁《はり》や柱はどれくらいの大きさにすれば安全性が確保できるか」などといった具合に、どんな力が建築物に作用し、その力に対してどうアプローチすればいいのかを考え、ニーズに応じた快適な建築物を実現するのが「建築構造」だ。

この分野のカリキュラムは、まず「構造力学」の授業から始まる。これが「建築構造」の基本となる。かなり計算する作業が多い科目だ。

そこから「構造設計」の分野へと進んでいく。「構造設計」とは、建築物の安全性を確保しながら、柱や梁《はり》、鉄骨の太さや本数までを詳細《しょうさい》に決める設計のこと。建築物の性能

が建築基準法で決められた基準を満たしているかを細かく計算し、その上でそれら一つひとつをさらにチェックする、といった作業をくり返しながら設計図を仕上げていくわけだ。

建築物全体のデザイン性も考慮《こうりょ》しながら設計していく「意匠《いしょう》設計」に対して、「構造設計」は、骨組みとなる柱や梁《はり》などの部材の設計も大事だが、それぞれの部材の荷重がかかり、どうしても力が集中してしまう接合部をどう設計するかも重要なこと。そのため、「構造計算」という計算によって安全性を確認しながら、設計を進めていくことになる。

「建築構造」の実験実習の授業では、実際に骨組みを壊《こわ》す実験やコンピュータによる分析《ぶんせき》を通して構造の性能を検証する。日本は地震《じしん》が多いので、耐震《たいしん》・免震《めんしん》構造の研究室では既《き》存《ぞん》の建物の構造診断《しんだん》を行ったり、補強方法を考えたりといった研究も行われているよ。

ちなみに、**「構造設計」を担う専門職を、建築家と区別して構造家、もしくは構造エンジニアといったりもする。**「構造設計」を担当する構造家は、いわば縁《えん》の下の力持ち的な存在だ。

昔《むかし》はどちらかといえばデザイン性が重視されていたのもあり、「意匠《いしょう》設計」を担当する建築家のほうが優位にみられていた。ところが2005年、耐震偽装《たいしんぎそう》事件が起こったことで建築の業界全体、ひいては社会全体が、建築において構造もまた重視すべきだという認識になり、建築基準法も改正された。それによって「構造設計」を担う構造家の役割の重要さが周知されるようになったそうだよ。

建築材料

建築物に使われる材料の材質について学ぶのが「建築材料」の分野だ。

建築物をつくる上では、コンクリート、れんが、タイル、石材、ガラス、木材、鋼材などさまざまな材料が使われる。それらの化学成分や製造方法、施工《せこう》に使う際の方法、さらに実際にどのように利用されているかなどを学んだり、研究したりする。と同時に、材料それぞれの強度や弾力《だんりょく》性、耐久《たいきゅう》性、熱伝導性、燃焼性など基本的な性質を理解した上で、実際の建築材料にふれてそれらの最適な利用法も習得していくわけなんだ。

建築材料の分野でも力を入れているのが環境《かんきょう》負荷を低減した建築材料の開発だ。たとえば、コンクリートは社会生活を支える重要な材料だが、ひっぱられる力に弱い特性がある。地震《じしん》の揺《ゆ》れなどでいったんひびが入るとてきめんだ。

しかも、製造工程において大量のCO_2を排出《はいしゅつ》するという面も。そのため、大幅《おおはば》にCO_2を削減《さくげん》できる低炭素型のコンクリートが開発され、それを建築物に使用する工事事例も増えている。それだけでなく、さらに環境《かんきょう》にやさしい建築材料をつくろうと各大学で新たな建築材料の開発も進められている。

なお、建築材料の世界でも、構造と同様に近年は地震《じしん》に備えた新素材の研究がさかんだ。

構造・建築材料に関する科目

「建築構造」「建築材料」の分野では実験の授業も多く、3年になると「構造材料実験」「鋼材実験」「振動《しんどう》実験」「コンクリート実験」などを行う。大学によっては現場を見学する「特別演習」が設けられている。

「建築構造」「建築材料」の関連分野としては「防災」がある。**「防災」は、地震《じしん》に対して安全な構造実験を行ったり、コンピュータでシミュレーションして新たな耐震《たいしん》性実現の可能性を模索《もさく》している。**数多くの大学で耐震《たいしん》や免震《めんしん》に関する研究がくり広げられているんだ。

地震《じしん》直後、火災が起きる可能性も大きいので、防火性の高い建築材料の研究開発に取り組む大学もある。台風や線状降水帯の影響《えいきょう》による水害で、床下浸水《ゆかしたしんすい》の被害《ひがい》にあうエリアも多い。こうした自然災害後の建築物の機能を早急に復旧する研究も進められている。

構造家は自然災害に強い建築物をつくる立役者

Q8

建築環境・建築設備の分野では何を学びますか？

建築環境《かんきょう》

大きな窓と吹《ふ》き抜《ぬ》けがある家はおしゃれだし開放感があって気持ちよさそうだよね。でも実際に住む人は、冬は寒いし、夏は温室のような暑さに案外住みにくさを感じているかもしれない。だからといって窓を小さくしたり、天井を低くするのではなく、どうすれば快適な環境《かんきょう》にできるかを熱、光、音、空気といった四つの側面から考えていく。つまり、**この四つの環境《かんきょう》要素をもとに、安全で快適な物理的な環境《かんきょう》をつくるのが「建築環境《かんきょう》」という学問の役割というわけだ。**

先ほどの大きな窓、吹《ふ》き抜《ぬ》けによる暑さ寒さの問題に関していえば、熱の部分の調整と空気の循環《じゅんかん》を工夫することで解決策にたどりつけそうだが、では、どのような考えのもと、どのような手立てを講じていくかを「建築環境《かんきょう》」では探っていく。

ただ、私たち人間の快適さだけを追求すればいいわけではない。昨今は環境《かんきょう》負荷を少

なくする、地球にもやさしい、そして地域にもやさしいということもあわせて解決していくことが大事になっている。

大学の授業では基本的な環境《かんきょう》への考え方をはじめ、熱、光、音、空気などの環境《かんきょう》性能のそれぞれの観点にもとづき、環境《かんきょう》計画から設備システムやエネルギー効率を高める技術を学んでいくようになっているよ。

建築設備

私たちがふだん自宅で快適に過ごせるのは、エアコンで室内の温度調節ができたり、換《かん》気《き》ができたり、電気が自由に使えたり、水道から好きに水を出したり、トイレやお風呂《ふろ》がいつでも使えるといった具合に、電気、ガス、水道などのライフラインがいつでもすぐに、気軽に使える環境《かんきょう》にあるからだ。最近はWi-Fi環境《かんきょう》が整っている住宅やビルも多く、そういった通信設備もまた、私たちの暮らしを便利かつ快適にしてくれているひとつといえる。

電気、ガス、水道が使えるのは、空調設備、給排水《きゅうはいすい》衛生設備、電気設備などの建築設備が整っているからだ。これらは、私たちからは直接見えない場所に設置されているので気づきにくいが、実は建築設備こそ、私たちに快適な空間をもたらしてくれている。

「建築設備」の分野では、空調設備、給排水設備《きゅうはいすいせつび》、電気設備などの基本的なことを学ぶ。

具体的に設備一つひとつについて、たとえばどんなことを学ぶのか、説明しておこう。

・**空調設備**……熱や水分を移動させることで温度や湿度《しつど》を変化させ、フィルターを通すことでホコリなどを除去し、換気《かんき》することでくさい臭《にお》いを取り除くのが空調設備。「室内空気環境汚染《かんきょうおせん》の防止」「省エネを考慮《こうりょ》した空調設備」などのテーマで学ぶ。

・**給排水設備《きゅうはいすいせつび》**……生活に必要な給水設備、熱源となる給湯・ガス設備、トイレなどの衛生器具設備、汚水《おすい》の排水《はいすい》処理設備などさまざまな給排水《きゅうはいすい》設備システムがある。大学で給《きゅう》排水《はいすい》設備の概要《がいよう》を学び、実験などの演習を通して基礎的《きそてき》な設計理論を習得することになる。

・**電気設備**……電気もまた今や私たちの生活に欠かせないものだよね。建築物の中には電線が張りめぐらされている。その電気全般《ぜんぱん》の設備について学ぶ。電気工学の基礎概論《きそがいろん》や電気回路、電気の安全といった分野もかかわってくる。

なお、建築設備には照明設備もかかわってくる。空間の目的や用途に合わせて明るさ、光の色、光の広がり方を考える「照明計画」という分野もあるよ。

環境《かんきょう》・設備が重要なわけ

環境《かんきょう》設備エンジニアという、建築設備の設計を担当する職種に就いて建築業界で活躍《かつやく》している人が徐々《じょじょ》に増えてきている。

これは建築物の設計において、「意匠《いしょう》設計」や「建築構造」だけでなく、「建築設備」もまた重要だという認識が世の中に広まってきたからにほかならない。実質的な快適さを私たちに与《あた》えてくれるのは紛《まぎ》れもなく建築設備だからだ。

何より地球環境《かんきょう》問題が深刻になってきている今、建築設備が消費する膨大《ぼうだい》なエネルギーの削減《さくげん》が急務になってきているというのもある。

私たちが生きていくために快適な環境《かんきょう》を確保しつつ、地球環境《かんきょう》を考慮《こうりょ》して省エネやCO_2の削減《さくげん》を実現することが建設業界においては大きな課題であり、その担い手となるのが環境《かんきょう》設備エンジニアというわけだ。

なお、建築設備士という資格もある。建築設備にかかわる設計・工事監理《かんり》（設計図の通りに施工《せこう》が進んでいるかを確認すること）に関する資格でだいたい一級建築士の資格取得後、実務経験を経て取得する人が多いよ。

健康で快適な空間を生み出すのが環境《かんきょう》・設備

Q9 そのほかにどのような分野がありますか？

ランドスケープデザイン

住宅の庭や広場や公園、河川沿いの草地、水田や畑などの農地や水路、斜面《しゃめん》樹林や山林にいたるまで、広く屋外空間を計画設計する分野をランドスケープデザインという。農業大学の造園学科で学ぶことが多かった領域だけど、建築学部で学べる大学が増えている。科目としては「都市空間デザイン論」「環境植栽《かんきょうしょくさい》学」「都市環境《かんきょう》デザイン史」「緑地環《かん》境《きょう》計画」「ランドスケープデザイン」などがあるよ。

インテリアデザイン

建築物の外観や構造ではなく、人が実際に使う建築物の内部のデザインを手がけるのが「インテリアデザイン」。商業施設《しせつ》や建築物の内外を含《ふく》めた総称《そうしょう》として「空間デザイン」と表現することも。インテリアデザインで手がけるのは主に住居や店舗《てんぽ》、ビル内の個室な

どの内装《ないそう》で、照明や壁《かべ》、ドア、家具、水まわりなど生活の中で直接ふれるものばかり。これらのプランから設計までを担当するのがインテリアプランナーになる。

建築再生

商業施設《しせつ》やオフィス、戸建ての住宅やマンションなどの集合住宅のリノベーション、コンバージョンといった施設《しせつ》の再生の手法を学ぶ分野だ。

これまでの日本は古くなった建築物は解体して新しい建築物をつくるといったやりかたが主流だった。しかし、最近は古い建築を残して中だけリフォームなどをして再活用するケースが増えている。ただ、それを実践《じっせん》するには、既存《きぞん》の建物のどこを活かすか、どこをどう変えてどのように活用するのかを考えたり、具体化するための設計のスキルが必要になってくる。そのように、既存《きぞん》の建築物の新しい魅力《みりょく》を引き出す再生を実現するための知識と技術を習得する分野だ。

ランドスケープデザインも重要な分野になりつつある

Q10

建築学部と結びつきやすい学問ジャンルはなんですか？

土木は建築とセットにされることが多い

工学部・理工学部の中にある建築学科が多いことから当然、工学部関連の分野とのつながりは大きい。

そもそも土木は、「土木・建築工学科」といった具合にセットにされることがこれまで多かった。それだけ密接な関係なのだ。共通点はいずれも動かすことのできない、大きなものをつくるところ。ただし、規模は全然違《ちが》う。土木は道路や橋、鉄道、港、堤防《ていぼう》など巨《きょ》大《だい》なものをつくり、建築は家やビルなどの建物をつくることを指す。とはいえ、この境目もあいまいだ。建築で線路や道路をつくることはないが、都市全体をつくる、「まちづくり」「都市計画」といった部分もかかわってきているからだ。なお、土木学科でも「構造力学」などを学び、建築学部と共通する学問分野も多い。

さまざまな学問が建築には生きてくる

環境《かんきょう》問題への取り組みも建設業界では大きな課題になっている。そのため、建築学の研究室ではずいぶん前から自然エネルギー、省エネを視野に入れて研究するところが増えてきている。今後ますます「環境《かんきょう》」「エネルギー」が重要なキーワードになっていきそうだ。

そのほか、「インテリアデザイン」などの芸術分野、人文科学、社会科学、心理学、人間工学、経済学、生活科学などの学問領域が建築学部にかかわっている。また、最近は建築業界でもデジタルツールの利用があたりまえになり、「建築設計」の授業でデジタル技術の基礎《きそ》を学ぶカリキュラムにしている大学も。CADが設計の基本だが、今はBIMというソフトも一般的《いっぱんてき》になってきた。これらの技術を本格的に習得するべく、「建築デジタル概論《がいろん》・演習」などといった科目を設置している大学も出てきた。技術とデザインを分けずに一体として使いこなすスキルを学生時代に身につけておいたほうがいいということだろう。

どの分野も建築学のこやしになる。何でも貪欲《どんよく》に学ぼう

地震などの災害に強い建物の構造を研究開発する

教員インタビュー
1

東京工業大学《とうきょうこうぎょうだいがく》
環境・社会理工学院建築学系　教授
吉敷祥一《きしきしょういち》さん

東京工業大学大学院博士後期課程修了《しゅうりょう》。博士（工学）。専門は建築構造・材料。現在は東京工業大学科学技術創成研究院多元レジリエンス研究センター長を兼務《けんむ》。

取材先提供

※東京工業大学は2024年10月より東京科学大学となります。

建築学は文理融合《ゆうごう》の学問

文系・理系にまたがる学際的な学問を文理融合《ゆうごう》といいますが、建築学もまさに文理融合《ゆうごう》型の学問です。建築史のような人文社会学的な分野も学びますし、構造や環境《かんきょう》など工学分野のことも学ぶからです。

東京工業大学（東工大）環境《かんきょう》・社会理工学院建築学系でも意匠《いしょう》論をはじめ、建築史、建築・都市計画から、構造・材料、防災工学、環境《かんきょう》・設備、施工《せこう》にいたるまで幅広《はばひろ》い領域をカバーして学べるようになっています。

1年生の段階では専門的な学びの準備として、数学・物理・図学などの必修科目を履《り》修《しゅう》し、それらの基礎《きそ》知識をもとに2年生から3年生にかけては、先ほどの建築学系としての専門教育を総合的に学習します。なかでも必修科目である「建築設計製図」では、図面や模型を作成する力だけでなく、ものや仕組みをつくり上げる企画《きかく》力や表現力を養うことができるカリキュラムになっています。また、3年生からの「建築学実験」では技術の理解を深め、実践《じっせん》的な応用力も身につけます。

なお、2年生からは共通科目群のほか、自分の志望に合わせて「建築史・建築意匠《いしょう》学科目群」のほか、「建築計画学・都市計画学科目群」「建築構造学・建築材料学科目群」「建築環境《かんきょう》工学・建築設備学科目群」の中から選んで履修《りしゅう》していくことになります。

そして東工大の場合、4年生になると学生それぞれが選んで入った研究室の教員の指導のもと、「卒業論文」に取り組みます。研究を通してそれまでに修得した能力をさらに鍛《きた》えていくことになります。

ちなみに研究室も実にバラエティー豊か。たとえば、ヒトの行動を考えつつ、都市環境《かんきょう》を改善する研究を行っていたり、快適な室内環境《かんきょう》のデザインを研究していたり、都市や建築における光・熱・空気やエネルギーの制御《せいぎょ》というテーマに挑《いど》んでいる研究室もあります。

本当に安全か、一つひとつ実験で検証

そうした数ある研究室のなかで、私の研究室は建築構造・材料を専門としています。鉄筋コンクリート造、木造など幅広《はばひろ》い構造形式の建物を対象に、免震《めんしん》・制振《せいしん》による高度な耐《たい》震《しん》技術の研究を行っているわけです。

大きな地震《じしん》があった場合、建物の倒壊《とうかい》を防ぎ、人命を守らなければなりません。そのために建物は、耐震《たいしん》構造でつくられています。

耐震《たいしん》とは、建物の構造本体に壁《かべ》や筋かいを設

置するなどして地震《じしん》力に抵抗《ていこう》させ、倒壊《とうかい》を防止するものです。それに加えて免震《めんしん》・制振《せいしん》があります。免震《めんしん》は地面と建物の間に積層ゴムなどを設置し、地震《じしん》自体を建物に伝えないようにするもので、制振《せいしん》は揺《ゆ》れを吸収するダンパーなどの制振《せいしん》装置を設置し、建物の揺《ゆ》れ幅《はば》を小さくし、建物の構造本体へのダメージを減らすものです。

耐震《たいしん》構造の建物がはたしてどれぐらいの地《じ》震《しん》まで耐《た》えられるのか、本当の実力は実際に地震《じしん》が起きないとわかりません。そのため、かつては地震《じしん》が起きたら現地へ行って建物の破損状況《じょうきょう》を調査し、その結果をもとに耐震《たいしん》性を高めていくというやり方で技術を発展させてきました。ただ、２００５年の耐震偽装《たいしんぎそう》の事件以降、建物において構造は重要な役割を果たしていると認識されるようになりました。私の研究室ではできる限り、実態に即《そく》したかたちで実験を行い、建物の耐震《たいしん》性を高める研究をしています。

非構造部材の耐震《たいしん》化がホットな話題

耐震《たいしん》への意識はかなり高まり、新しく建てられる建物は十分に高い耐震《たいしん》性を有しており、実際、全国の学校施設《しせつ》のほぼ１００％は耐震《たいしん》補強が完了《かんりょう》しているといわれています。

一方、遅《おく》れているのは工場施設《しせつ》です。なぜなら耐震《たいしん》性を高める改修を行う際、溶接《ようせつ》で火を使うため、ガス管がある場合、火事を引き起こす危険性が高いからです。しかも、その間は工場を止めるため、生産できなくなってしまうので工場の耐震《たいしん》工事をする企業《きぎょう》が少ない現状があります。そこで火を使わず乾式《かんしき》で耐震《たいしん》補強する方法を研究しています。

一方、最近では、構造が専門といいつつも一番力を入れているのは非構造部材の研究です。非構造部材とは、部屋と部屋を区切る間《ま》仕《じ》切《き》り壁《かべ》や天井のこと。大きな地震《じしん》が起きた時、建物の構造本体は問題なくてもこの間《ま》仕《じ》切《き》り壁《かべ》が倒れたり、天井が落ちてしまうというケースが多くなっています。2016年の熊《くま》本《もと》地震《じしん》の際、ある学校の校舎は、建物の構造本体は健全だったのですが、壁《かべ》と天井が壊《こわ》れて結局全部建て直すことに。それだけに非構造部材の耐震《たいしん》性の研究はとても重要なのです。

もしかしたら自分が世界初!?

私は実家が設計事務所で、継《つ》ぐつもりで建築学を学びました。構造の知識は将来役立つと思ってその研究室へ。ほぼ毎日実験をしていたのですが、ある時ふと「もしかしたらこの実験結果を見ているのは、世界で自分がはじめてじゃないか」と気がついたのです。

アメリカ大陸を発見したのはコロンブスですが、実際に最初に見たのは船の先頭にいた人なのではないでしょうか。新しい何かを見つけて世の中に発表するのは教授だけど、最初に目撃《もくげき》したのは自分かもと思ったら楽しくなって、結局、大学で研究を続けました。

研究職になって唯一《ゆいいつ》の後悔《こうかい》は、自分がつくったといえる建物がないこと。仮に建設会社などに就職し、多少なりともたずさわった建物が完成したら、絶対子どもに自慢《じまん》していたと思います。そのように自分がかかわったものがかたちに残るのが建築分野の魅力《みりょく》です。

建物を見るのが好きなら、どんな建物やどんな空間が好きなのかを把握《はあく》しておくと、大学での学びに大いに生きてきます。

教員インタビュー 2

建築だけでなく人の営みを支えるものすべてをデザイン

芝浦工業大学《しばうらこうぎょうだいがく》
建築学部建築学科　教授
谷口大造《たにぐちたいぞう》さん

東京藝術《とうきょうげいじゅつ》大学美術学部建築学科卒業。同大大学院美術研究科建築専攻《せんこう》修士課程修了《しゅうりょう》。丹下健三《たんげけんぞう》・都市・建築設計研究所などを経て独立。スタジオトポス代表。一級建築士。

1年生から専門科目を履修《りしゅう》

芝浦工業大学建築学部建築学科は、入学時から「APコース（先進的プロジェクトデザインコース）」「SAコース（空間・建築デザインコース）」「UAコース（都市・建築デザインコース）」に分かれます。基礎《きそ》的《てき》な建築技術と教養科目は共通しているのですが、1年生後期からコースごとに特色のある専門科目を履修《りしゅう》してもらうようになっています。

それぞれの特徴《とくちょう》としてAPコースは通常の建築学科の教育にプラスしてプロジェクト科目が必修、SAコースは身近なインテリアや家具、住宅から建築・都市の領域まで、UAコースは建築としての住宅から公共施設《しせつ》の設計、まちづくりや都市計画が学べます。

3年生後期からの「プロジェクトゼミ」と

4年生の「卒業研究」は、所属コースにかかわらず、11分野36の研究室から自分の専門分野を選択《せんたく》できるようになっています。私の研究室にも3コースから学生が入っています。

私の専門は「建築デザイン」です。研究室のテーマは「建築のデザインとは何かを考える」ことです。あわせてフィールドワークを通して、より実践的《じっせんてき》で今の社会に合った建築デザインと、設計手法の研究をしています。

ちなみに芝浦工業大学建築学部には意匠《いしょう》系だけでも8名の先生がいます。学生はそれだけ幅広《はばひろ》い選択肢《せんたくし》から自分の専門を選べます。

3年生の後期に私の研究室に入ってきた学生には「プロジェクトゼミ」として「7×7」という課題に取り組んでもらいます。たとえば、「壁《かべ》と柱だけでどんな空間ができますか？」といった課題が出たらそれに対して七つのプランを考え、模型を製作します。それを7週間続けてつくってもらいます。ひとつの課題に対して3、4個は何となくできるものですが、そこから先を生み出すのは結構大変。まったく違《ちが》った視点から物事を考えていかないとつぎのアイデアは浮《う》かばないのです。この課題を通して、固定観念をいかに壊《こわ》すかという作業に挑戦《ちょうせん》してもらっています。

人に聞く作業も建築デザインに必要

もうひとつ「水辺のへそ」というプレ卒業設計的な課題があります。都心の中でふだんは目立たなくても、その地域にとっては要となる場所があります。そんな都市の特異点ともいうべき場所を自分の視点で探し出し、その場所を活性化する建築の企画《きかく》構想から提案まで行うというものです。自分で探し出すだけでなく、どんな課題があるかを把握《はあく》するためには実際に現地でヒアリングするといった作業も必要になってきます。

また、私の研究室では「まちづくり」も大きな活動のひとつ。東日本大震災《ひがしにほんだいしんさい》の被害《ひがい》の大きかった石巻《いしのまき》、女川《おながわ》など三陸エリアにおけるまちづくりに学生たちにもかかわってもらっています。三陸エリアは10年かけて新しいまちへと変貌《へんぼう》を遂《と》げましたが、はたして地域の人たちに望まれた姿だったのか、ここにきて議論もなされています。ただ、すでにできたものはしかたない、そこから何ができるのか。学生たちは現地へ行き、ヒアリングしながら、つぎなる策を模索《もさく》しています。

建築デザインには、「7×7」のように必死で自分の内側から生み出す作業と、「水辺のへそ」や三陸エリアでのフィールドワークのように社会との接点、人とのコミュニケーションの中で問題となっている何かを見つけ出し、それを具現化して問題解決に導くという作業の両方が必要です。その両方の力を身につけてもらうために、学生にはさまざまな課題に取り組んでもらっています。

建築だけでなく家具もデザイン

私は大学の教員、建築デザインやまちづくりの研究のほかに、自分のアトリエを主宰《しゅさい》し、建築家としても活動しています。建築設計・監理《かんり》だけでなく、まちづくりや公園などランドスケープのデザイン、さらに照明器具や家具のデザインなども手がけています。

これは私のテーマでもあるのですが、生活している人たちの日々の営みを支えるものを考えるという意味では、イスなどの家具も建築デザインと同じ。いずれも人がどう過ごすのか、どうすれば心地よいかを想像しながらつくるものだからです。もともと好奇心《こうきしん》があるほうなのでスケールにこだわらず、いろいろなことに首を突《つ》っ込《こ》んでつくっています。

そんな私の性格を知ってなのか、研究室に集まってくる学生たちもまた非常にバラエティー豊かです。建物というのが軸《じく》としてありながらも自分が興味をもつプロダクトをデザインしたり、建物にこだわらず独自に空間と呼べるすべてのものをデザインしたり。はたまたファッションやアートの視点を建築デザインにもっていくためにはどうすればいいかをテーマに研究している学生もいますし、「不気味」や「かわいい」をキーワードに不気味な建築、建築的にかわいいと思う建物をサンプリングして研究している学生もいます。

「7×7」「水辺のへそ」の課題をクリアすれば、学生それぞれが自分でテーマを見つけて卒業研究をしてもらえばいいかなと私も思っているので、学生たちはみんな自由に、のびのびと自分のテーマに向き合っています。

私は子どもの頃《ころ》からプロダクトデザインに興味があったのですが、絵画教室の先生に「建築もおもしろいよ」と言われ、建築を見てまわるようになりました。ある日、東《とう》京《きょう》・目白《めじろ》にあるカテドラル教会を見て圧倒《あっとう》されました。その衝撃的《しょうげきてき》な空間体験があったことが建築の道に進むきっかけです。

中高生のみなさんも関心をもったことには貪欲《どんよく》になってほしい。趣味《しゅみ》の世界を広げ、好《こう》奇心《きしん》を育むことはおのずと引き出しを増やすことにつながります。それが建築を学ぶ上でも、仕事にする上でも必ず役立つはずです。

3章

建築学部のキャンパスライフを教えてください

Q11 建築学部ならではの授業はありますか？

建築の共通言語ともいえる設計製図

　どんな建築物をつくるにしてもまずは図面がなければいけない。最初にどんな建物にするかをイメージし、実際にかたちにするための図面を描《か》くのが建築家もしくは設計者という人たち。そして大工さんや施《せ》工《こう》会社という実際に建築物を現場で建てる人たちが、その図面を見て、具体的にどのような建築物をつくるのかを把握《はあく》する。**図面はいわば建築の世界における共通言語のようなもの。**それだけ重要なものだけに、どこの大学の建築学部にも「設計製図」「建築設計製図」という図面を描《か》いたり、模型をつくる授業がある。だいたい1年から2年、もしくは3年を通して継続的《けいぞくてき》に行われる演習となっている。

　1年生では図面の見方・描《か》き方、模型のつくり方を製図道具、模型道具の使い方とともに学ぶ。この段階では代表的な建築物のトレースを通して基礎《きそ》を身につけていく。

　そして、1年生後期あたりからいよいよ自分のアイデアを出して図面を描《か》く設計課題の

授業が始まる。大学によって異なるが、概《おおむ》ね住宅など小規模な建築物から始まり、学年が上がるにしたがって事務所、図書館、劇場などといった具合に建築物の規模が大きくなり、かつ複雑になっていく。おのずと出される設計課題のレベルが上がっていく。

しかも、ほぼ毎週、何かしらすべきことが課題として出されるので、学生はアイデア出しや図面づくり、模型づくりも含《ふく》めてずっと設計課題にかかわっていることになる。

多くの場合、3年になると「設計製図」は選択《せんたく》科目になる。「意匠《いしょう》」系を選択《せんたく》した学生は引き続き、この科目を履修《りしゅう》し、設計製図の作業を続けることに。しかも、さらにレベルは上がり、ハードになっていく。それでも、**3年になって「設計製図」を好んで選択《せんたく》する学生の多くは、将来、建築家をめざしており、**どちらかといえば、むしろ「設計製図が楽しくてたまらない」という人ばかり。一方、「設計製図」に苦手意識があり、**3年からは履修《りしゅう》しないという学生は構造系など、ほかの進路へ進んでいく。**そこで道が大きく分かれるようだ。

建築ソフトCADとBIMの勉強

これも大学によって異なるが、「設計製図」では、トレース作業を通じて平面図、立面図、投影図などの作図方法を学んだ後、CADを使った製図方法の基礎《きそ》を習得する。

CADとは、設計製図に特化したグラフィックソフト。2DCADは図面を作成するのに使うし、3DCADというモデリング用のソフトも立体的な図面をつくるのに使う。使い方だけでなく、高度なCADソフトを使って、コンピュータによる建築デザインの表現技法も習得していく。それが新しい空間を創造する力を養うことにもつながっている。

最近は3DCADに代わり、BIMというソフトを使うことが増えている。ビルディング・インフォメーション・モデリングの略で、3DCADの機能に構造、設備、積算、施《せ》工《こう》、維持《いじ》管理などの情報や条件を与《あた》えられるソフトだ。たとえば、耐震《たいしん》構造や温熱環境《かんきょう》、風向きなどのシミュレーションや、施工《せこう》段階で壁《かべ》内部の見えない配管を画像で出力できる。

従来の建築のあり方を変えると期待されている建築ソフトということで、すでに建設業界では使われている。その社会ニーズに合わせて導入を進めている大学も出てきている。

本格的な実験施設《しせつ》と研究設備で実験実習

多くの大学では分野ごとに実験施設《しせつ》と研究設備を所有している。建築構造・建築材料系や環境《かんきょう》・設備系の科目に関する演習は、基本的に実験室などの施設《しせつ》で行う。座学で学んだ概論《がいろん》をもとに、実験を通してより一層理解を深めるためだ。学内に研究所や研究センターと呼ぶ施設《しせつ》を設け、最先端《さいせんたん》の機能をもつ設備を充実《じゅうじつ》させているところもある。

こうした施設《しせつ》を利用して、構造物の耐震《たいしん》性や建築材料の耐久《たいきゅう》性などの特性を調べたり、あるいは環境《かんきょう》・設備系なら居住環境《かんきょう》の改善や省エネ化などの実験を行ったり。地上5階建てぐらいの吹《ふ》き抜《ぬ》けになっているスペースに最先端《さいせんたん》の免震《めんしん》システムを設置し、免震《めんしん》・制《せい》振《しん》の実験を行っているところもある。

卒業研究は卒業論文もしくは卒業設計（卒業制作）

大学生は4年生になると、4年間の集大成として研究室に所属し、卒業研究に取り組む。構造・材料系、環境《かんきょう》・設備系、まちづくり系を選択《せんたく》した学生は、自分のテーマに合わせて実験やフィールドワークを重ねて行い、卒業論文のかたちにまとめることが多い。ただ、意匠《いしょう》系を選択《せんたく》した学生の多くは論文ではなく、卒業設計（もしくは卒業制作）といってみずから課題を設定し、それに対する空間提案を行う。自分の作品をプレゼンテーションする卒業設計発表会とあわせて公開選考会を行い、優秀《ゆうしゅう》作品を選定する大学も多い。

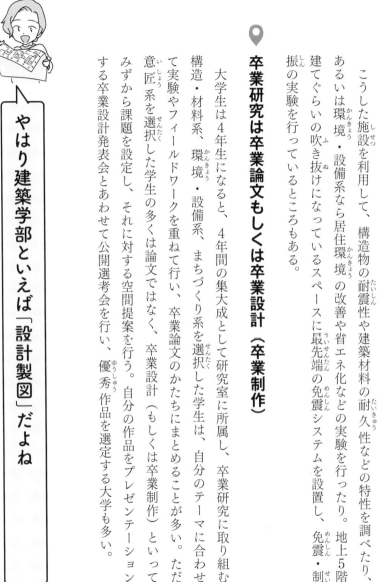

Q12

建築学部ならではの授業外活動はありますか？

海外留学

建築史などを学んでいるうちに海外の建築を見たくなるかもしれない。夏休みに海外旅行であこがれの歴史的建造物を訪ねてみるのもいいけれど、海外留学をして学びながら近隣《きんりん》の建築物を見てまわるのがおすすめ。個人で行くより留学という手段のほうが現地の人に接する機会も多いからだ。

建築学部の学生には大きく二つの留学方法がある。

ひとつは大学が斡旋《あっせん》してくれる1年間の交換《こうかん》留学を利用する方法。留学先で正規の授業を受けることができ、かつ、その授業の単位が所属する大学の単位になることも多く、留学期間も含《ふく》めて4年間で卒業できる大学もある。

もうひとつは夏休みや春休みなどの期間を使った短期留学。こちらも所属する大学が提《てい》携《けい》しているところがいいかも。もしくは、どうしても行きたい国や都市があれば、そこに

短期留学できそうな大学があるか調べてみよう。

なお、大学の斡旋《あっせん》であれば、ホームステイ先もあわせて相談しておくといいだろう。

中高時代に留学した経験がある人もいると思うけれど、建築の知識を多少なりとも学んだ上で経験する海外はまた格別。訪れた都市やまちのつくりが気になったり、歴史的建造物の細部が気になったり。今までとは違《ちが》った視点で楽しめるはずだ。

コンペティションに応募《おうぼ》する

建築学部の学生が、在籍《ざいせき》中でも応募《おうぼ》できるコンテストやコンペはたくさんある。

おすすめは全国の建築学部の学生や、若き建築家が入賞をめざすアイデア・コンペだ。

一等賞になったからといってその建物が実際に建てられるわけではない。でも、大学での設計課題がこなせるようになったタイミングで、腕試《うでだめ》しで応募《おうぼ》する学生は多い。なお、ほとんどのコンペがグループ応募《おうぼ》を認めている。グループのメリットは自分一人では浮《う》かばないアイデアをかたちにできるし、それによって自身の新たな引き出しができることになる。

建築デザイン、すなわち意匠《いしょう》系だけでなく、都市計画・まちづくりや、まちの課題解決に関するアイデア・コンペや、プロジェクトデザイン・コンペもある。たとえば、まちの課題解決のアイデアを募集《ぼしゅう》している場合は、「どんな表現でもエントリー可能」というところもあるので、自分の思いが一番届く手段で申し込《こ》めばＯＫ。図面や模型が苦手であれば、文字資料を工夫するなど方法はいろいろありそうだ。

国内外問わず、実にさまざまなコンペがある。たとえ、自分の作品やアイデアがコンペに通らなかったとしても、それをブラッシュアップさせてつぎのコンペに臨むこともできる。自分をみがくチャンスだと思って建築学部生になったらぜひ挑戦《ちょうせん》してみよう。

インターンシップ

インターンシップとは、学生が社会へ出る前に仕事の体験をするためのプログラム。ほかの学部でも就活前に体験している人は多いよね。これは学生ならではの特権だから活用しない手はない。

建築学部の学生の場合、就職を見据《みす》えて、アトリエ系設計事務所や組織設計事務所、はたまたゼネコンや都市計画・まちづくりコンサルタントなどをインターンシップ先として選ぶ傾向《けいこう》がある。設計事務所ではどんなことをしているのか、まちづくりはどのように進められているのかを目の当たりにできるし、働く人たちのリアルな話が聞けるからだ。

仕事自体は設計事務所だと模型製作がメイン。それでも、ある学生は「実際に意匠《いしょう》設

コンペに何度も挑戦《ちょうせん》する学生も多いよ

計と構造設計が意見を言い合っている姿を垣間見《かいま》ることがあって、なかなかの迫力《はくりょく》でびっくり。でも、それだけ真剣《しんけん》に仕事に向き合っているんだと思った」と話していたよ。そこにいなければ経験できないことがたくさんある。将来を考える上での貴重なみちしるべになることは間違《まちが》いないだろう。

インターンシップ先は大学の先生か、もしくは先輩《せんぱい》に紹介《しょうかい》してもらうのが一番。なぜなら、どんな会社かがきちんとわかっているからだ。特に小さなアトリエ系設計事務所で体験してみたいなら、先生か先輩《せんぱい》など大学関係のルートに頼《たよ》ろう。

学生プロジェクトに参加する

学生が「空き家改修プロジェクト」などを立ち上げ、精力的に活動しているところもある。また、学生が主体となって、古民家再生などさまざまなプロジェクトを進めているところがある。学内の枠《わく》からはみだして、学生プロジェクトに参加することで、実際に施工《せこう》の現場を体験できるだろうし、何より同じ学生同士のコミュニティーも広がるはずだ。

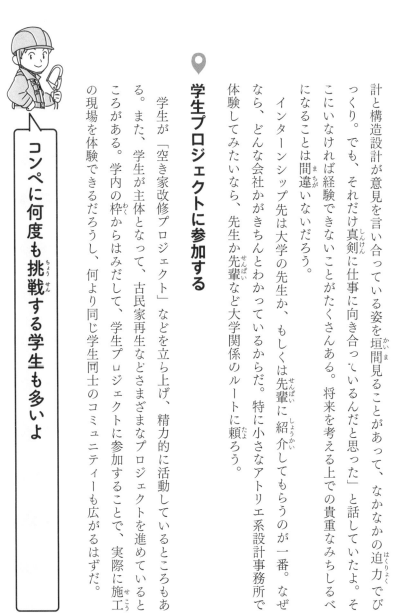

Q13 この学部ではどんな人や世界にふれることができますか？

担当教授、先輩《せんぱい》との結びつきは強い

3年生後期より、それぞれ4年生になってから所属する研究室選びが始まる。どこの研究室にするか、その選択《せんたく》基準はさまざまだが、意外に多かったのが、「1、2年生の時に受けた授業がおもしろかったから」という理由だった。

たとえば、「1年の時は意匠《いしょう》（設計）系へ進んで建築士になろうと思っていたけれど、実際は、まったく違《ちが》う構造系の研究室にした」といった具合に、出会った先生によって入学後、大きく進路変更《へんこう》した学生も多い。それだけ出会う先生の存在は大きいというわけだ。

建築学部にはプロフェッサー・アーキテクトといって大学で教鞭《きょうべん》をとり、研究をしながらも、自分のアトリエをもち、建築家として活躍《かつやく》している先生も多い。つまり、すでに自分がめざす職業に就いている〝先輩《せんぱい》〟であり、研究のテーマや将来についてのよき相談者。卒業後も長くかかわっていくので、どんどん結びつきは強くなっていくはずだ。

また、Q3で紹介《しょうかい》したように、先生方は外部の企業《きぎょう》や自治体とともにプロジェクトを手がけている場合も多い。先生とのかかわりを通しておのずとさまざまな人と出会ったり、経験できたりもできる。

また、先生たちはこれまでに数多くの卒業生を送り出している。つながりも強く、実際、インターンシップ先や就職先を卒業生のネットワークを活用して先生が紹介《しょうかい》してくれるケースも多い。縦のつながりを大切にしているある大学の先生は、月に1回、研究室のOBを招いて学生との情報交換《こうかん》を行える場をつくっている。積極的な学生であればあるほど、先生を通して自身のネットワークを広げることができそうだ。

フィールドワークで自治体や企業《きぎょう》の人たちと出会う

2章でもふれたが、自治体や企業《きぎょう》の人たちと出会う機会が多い。特に建築学部のなかでも都市計画やまちづくり、もしくは意匠《いしょう》系でも都市デザインやまちの再開発にもかかわっている先生の研究室では、フィールドワークを重視している。フィールドワークとは、研究者自身が現地へ出向き、実際に自分の目で見て観察したり、アンケートやヒアリングなどの調査を行うこと。文化人類学や社会学の研究室では多いが、工学系の分野においては建築学部が圧倒的《あっとうてき》に多い。

とはいえ、学生がいきなり一人で地域へ出向き、その場で人に話を聞くというのは、いささかハードルが高すぎる。そこでまずは先生がかかわっているプロジェクトにグループで参加する、というかたちのフィールドワークが多い。

プロジェクトのテーマもさまざまだ。災害復興で被災地《ひさいち》に出向くこともあれば、地域再生、古民家再生といったことや、さらにエネルギー・環境《かんきょう》問題をかかえる地域で、本質的な問題発見とその解決策を見出すためにフィールドワークが実施《じっし》されることもある。

フィールドワーク先で出会うのは、地元で活躍《かつやく》している人たちをはじめ、自治体の職員、あるいはまちづくりのコンサルタントなどさまざま。学生ということもあって、現地の人たちは自然に受け入れてくれるので、仲良くなるケースがほとんどだ。卒業後、移住してその土地で見つけた職場で働き始める人もいるほどだよ。

また、自分の卒業論文をまとめるための研究の一環《いっかん》として、みずから選んだ地域に何度も足を運んで、その地域の人たちとコミュニケーションをとる学生も多い。このようなことは意匠《いしょう》系、構造・材料系、まちづくり系、環境《かんきょう》設備系の、どの分野を専門にした学生もフィールドワークで経験しているようだ。

インターンシップやアルバイトで建築家と出会う

興味あるところへ飛び込《こ》めばよい出会いがある

設計事務所などインターンシップを経験することをおすすめしたけど、**もちろんアルバイトでもOK。あこがれの建築家がいれば、その人の会社か事務所でインターンシップか、もしくはバイトで入り込《こ》んでみよう。**先生や先輩《せんぱい》に聞いてみると意外につながっていたりするので、まずは相談を。

どちらかの方法で働くことができたら、その建築家がどのように仕事をしているのか、しっかりそばで観察すること。もちろん、あこがれの建築家でなくてもOK。というか、先輩《せんぱい》のなかにはアトリエ系設計事務所と組織設計事務所でかけもちバイトをしていたという人もいる。実際に働いて比較《ひかく》検討ができるなんて、学生時代にしかできないことだ。

また、地方の大学へ通っていたものの、夏休みの間、東京の設計事務所でインターンシップを経験したという先輩《せんぱい》もいた。「外国人スタッフがたくさんいて、日本人スタッフが彼《かれ》らとやりとりしている姿がかっこよかった。それで外国へ行きたくなって1年間、ヨーロッパへ留学した」という先輩《せんぱい》も。どこでどんな出会いがあるかわからない。まずは飛び込《こ》んでみることが大切だ。

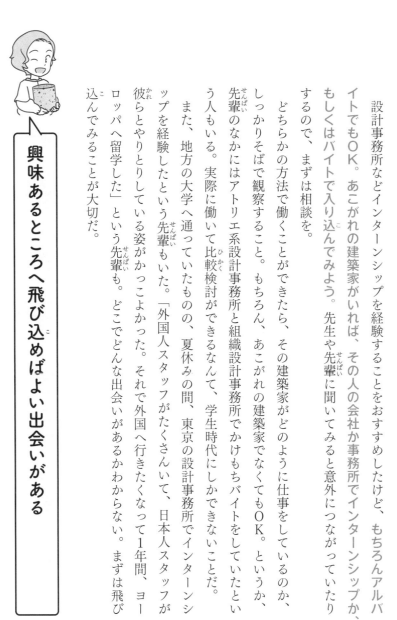

Q14

建築学部の学生の一日を教えてください

自分で時間割は決める

中高時代と大きく異なるのは、自分で時間割を決めること。授業科目には必ず受けなければいけない「必修科目」、指定されたなかから選ばなければならない「選択《せんたく》必修科目」に加えて、興味や関心に合わせて自由に選べる「選択《せんたく》科目」がある。これらを組み合わせて履修《りしゅう》計画を立て、その上で自分の時間割を決めていく。

「自由に時間割を組んでいいなら、受験勉強で疲《つか》れたし、1年生から空き時間をたくさんつくって遊ぼうかな」などと考えてはダメだよ。進級や卒業に必要な単位数がちゃんと決まっている。そもそも1年生は4年間のうちでもっとも必修科目が多く、また、この時期に履修《りしゅう》しておかないと本当に進級できなくなってしまう。そんなに甘《あま》くはないのだ。

4年になるとほとんど大学にいる学生も

多くの大学では一限につき90分～100分、一日5限で組まれている。

建築学部の学生の場合、研究室の配属先が決まる3年生までは、一日2～3の授業ぐらいは受けることになる。なお、**実験や設計製図のような演習に関しては2限続けて受けることになっている。**

1年生の時は「必修科目」や「選択《せんたく》必修科目」をびっしり入れることになるので、日々授業に追われるはずだ。しかも、「先生によってはレポート課題が出たり、理解度を確かめるためにショートテストをしたりするので勉強だけで大変。みんなパンクしていました」とある大学の学生が話してくれた。

その一方で、「確かに1、2年生の時

1年生の授業びっしりな一日

1年生は必修科目で1限から5限までびっしりつまっている日が多くて大変。

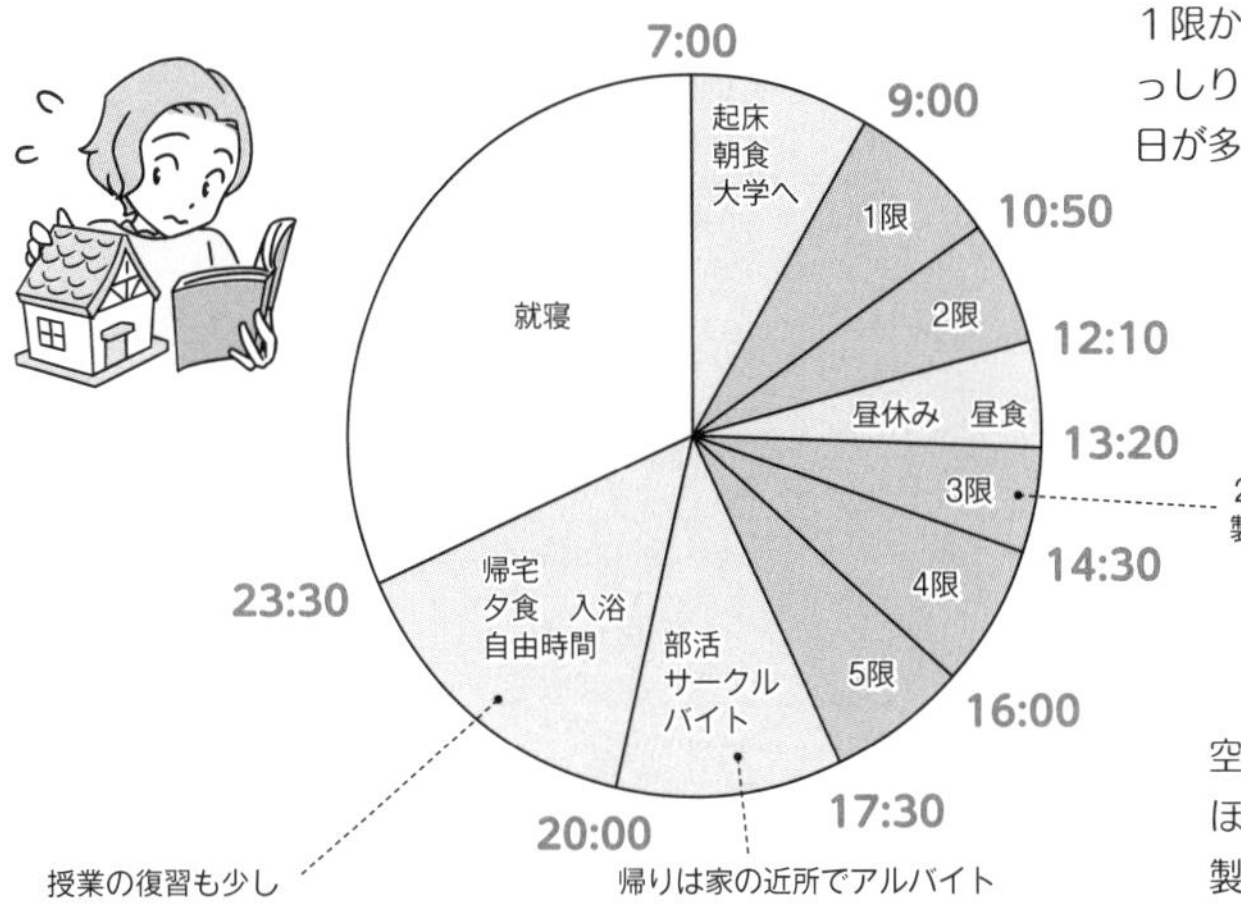

空きコマ時間はほとんど「設計製図」の課題。

は週6日間、毎日何かしらの授業を入れていました。ただ、空いている時間もちょこちょこあったので、そのすきま時間にバイトを入れていました」という人も。

2年生から3年生にかけて少し授業のコマ数が減ってはくる。ただ、仮に授業がひとつか二つしかない日があったとしても、空き時間を利用して図書館で調べものをしたり、はたまた設計製図の課題に追われたりといった学生が多い。

もちろん、授業を終えた後はバイトをしたり、部活動をしたりしている学生もいる。しかし、部活動への参加率はやや低いかも。

4年生になると授業はないものの、一日の大半を研究室もしくは製図室で過ご

4年生の研究漬けの一日

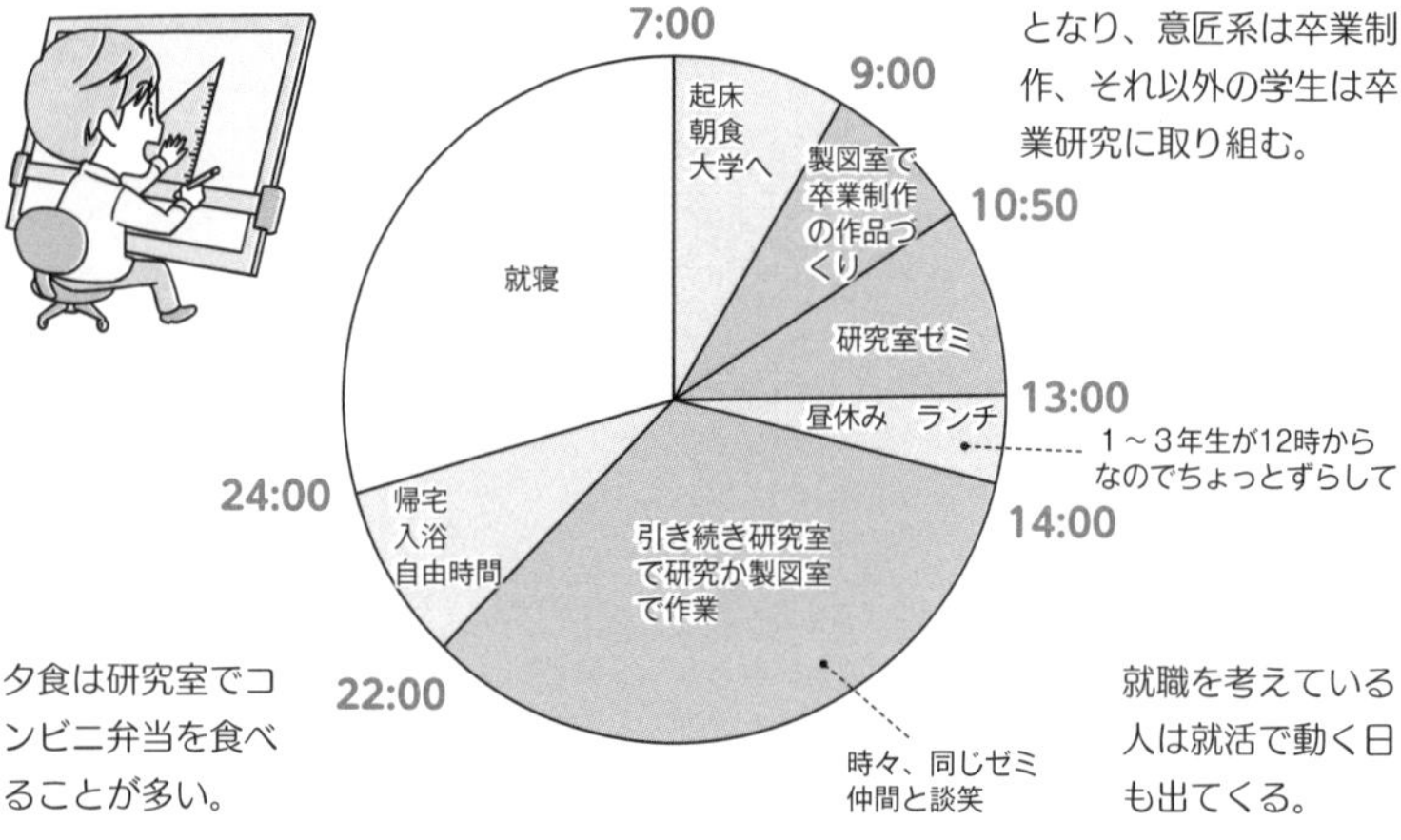
3年生の後期、もしくは4年生から研究室に配属となり、意匠系は卒業制作、それ以外の学生は卒業研究に取り組む。

製図室で卒業制作の作品づくり

研究室ゼミ

昼休み　ランチ
1～3年生が12時からなのでちょっとずらして

引き続き研究室で研究か製図室で作業
時々、同じゼミ仲間と談笑

夕食は研究室でコンビニ弁当を食べることが多い。
就職を考えている人は就活で動く日も出てくる。

す学生が増えてくる。もちろん卒業論文・卒業制作を進めるためだ。就職活動もあるので時間の余裕がないという人もいる。3年生まで部活とバイトをやっていた人もさすがにやめてしまうケースが多いようだ。

忙《いそが》しくても自分の時間を楽しむ学生たち

ただ、どんなに忙《いそが》しくてもそれが苦にならないほど、楽しんで卒業研究・卒業制作に打ち込《こ》んでいる学生が多いのも、建築学部の特徴《とくちょう》かもしれない。「学内にお気に入りのカフェやくつろげるラウンジがあるので、作業の合間に同級生と行って息抜《いきぬ》きをしています」という学生もちらほらいた。

なお、大学生は夏休み・春休みがそれぞれ約2カ月ずつとやや長め。その間も学習や研究に打ち込《こ》む学生もいるが、長いお休みを利用して国内はもちろん、海外の建築物巡礼《じゅんれい》の旅を楽しむ学生も多いよ。

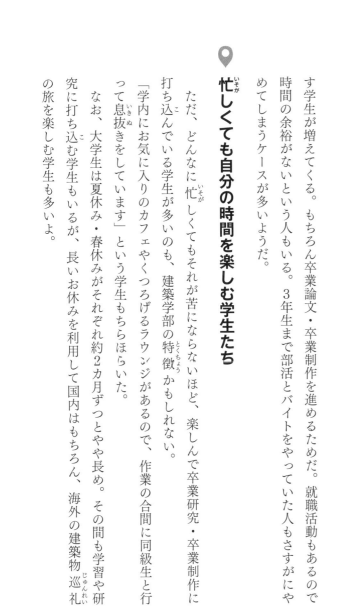

大学生は自分で時間も管理するのがあたりまえ

Q15 入学から卒業までの流れを教えてください

オリエンテーションで大学生活の概要《がいよう》をつかむ

大学生活の始まりは入学式！　その前後で行われるのがオリエンテーション。学生生活を送る上で必要な知識、キャンパス内の施設《しせつ》の利用法、奨学金《しょうがくきん》などについての説明や、授業科目の履修《りしゅう》方法など、キャンパスライフに必要なことを把握《はあく》する大切なプログラムだ。

大学では1年生から4年生までの間に履修《りしゅう》できる単位数が決められている。それらを4年間でどう履修《りしゅう》したらいいのかは、なかなかわかりづらいもの。ガイダンスに参加して履修《りしゅう》登録の方法を把握《はあく》しておこう。個人的な質問会を設けているところもあるので不明点があれば、活用しよう。

多くの大学では、オリエンテーションで健康診断《しんだん》と学力テストを実施《じっし》する。健康診断《しんだん》はどの学年でも必ず実施《じっし》されるものだが、新入生はオリエンテーションの中で行うところが

多い。学力テストは習熟度別にクラスを編成する目的で行われる。

なお大学によってはオリエンテーションで、グループに分かれて建築にかかわるテーマでディスカッションを実施《じっし》したり、建築全般《ぜんぱん》についての基調講演、先輩《せんぱい》たちの卒業設計作品の展示などを見学する時間を設けているところもあるよ。

1、2年生で一般《いっぱん》教養科目と建築の基礎《きそ》科目を学ぶ

大学の授業科目には一般《いっぱん》教養科目と専門科目がある。一般《いっぱん》教養科目は全学部共通のもの。英語などの語学や社会学、人文学部系の科目を履修《りしゅう》する。専門科目は数学、設計基礎《きそ》、図学、力学基礎《きそ》などに加え、建築概論《がいろん》、建築計画基礎《きそ》などの建築の基礎的《きそてき》な科目と、「設計製図」の演習がある。

1年生前期で学ぶ「設計製図」ではトレースといって有名建築家の建築物などの図面を描《か》き写すことがメイン。その作業を通じて製図道具の使い方、製図の描《か》き方、模型道具の使い方、模型のつくり方など「設計製図」の授業で困らないスキルを修得。1年生後期からはいよいよ「設計製図」で設計課題が始まる。
1、2年生は一般《いっぱん》教養で視野を広げるとともに、建築の基礎的《きそてき》な科目の履修《りしゅう》を通して建築学の多様性を把握《はあく》する時期といえる。

専門分野を絞《しぼ》る

2年生からはより建築の専門知識やスキルを身につける授業が増えていく。特に2年生、もしくは3年生に進級するタイミングで専門分野ごとにカリキュラムが分かれることが多く、自身の専門性をより高めていく。Q11でお伝えしたが、設計課題も対象物が1年生の時は住宅だったのが、2年生になると図書館や美術館、集合住宅などに変わっていく。

なお、大学によってはそれまで必修科目だった「設計製図」が選択《せんたく》科目になる。ここで設計製図の授業を取るかどうか悩《なや》む人が多い。いよいよ専門分野をより絞《しぼ》って選択《せんたく》することになるので、同じ建築

入学から卒業まで

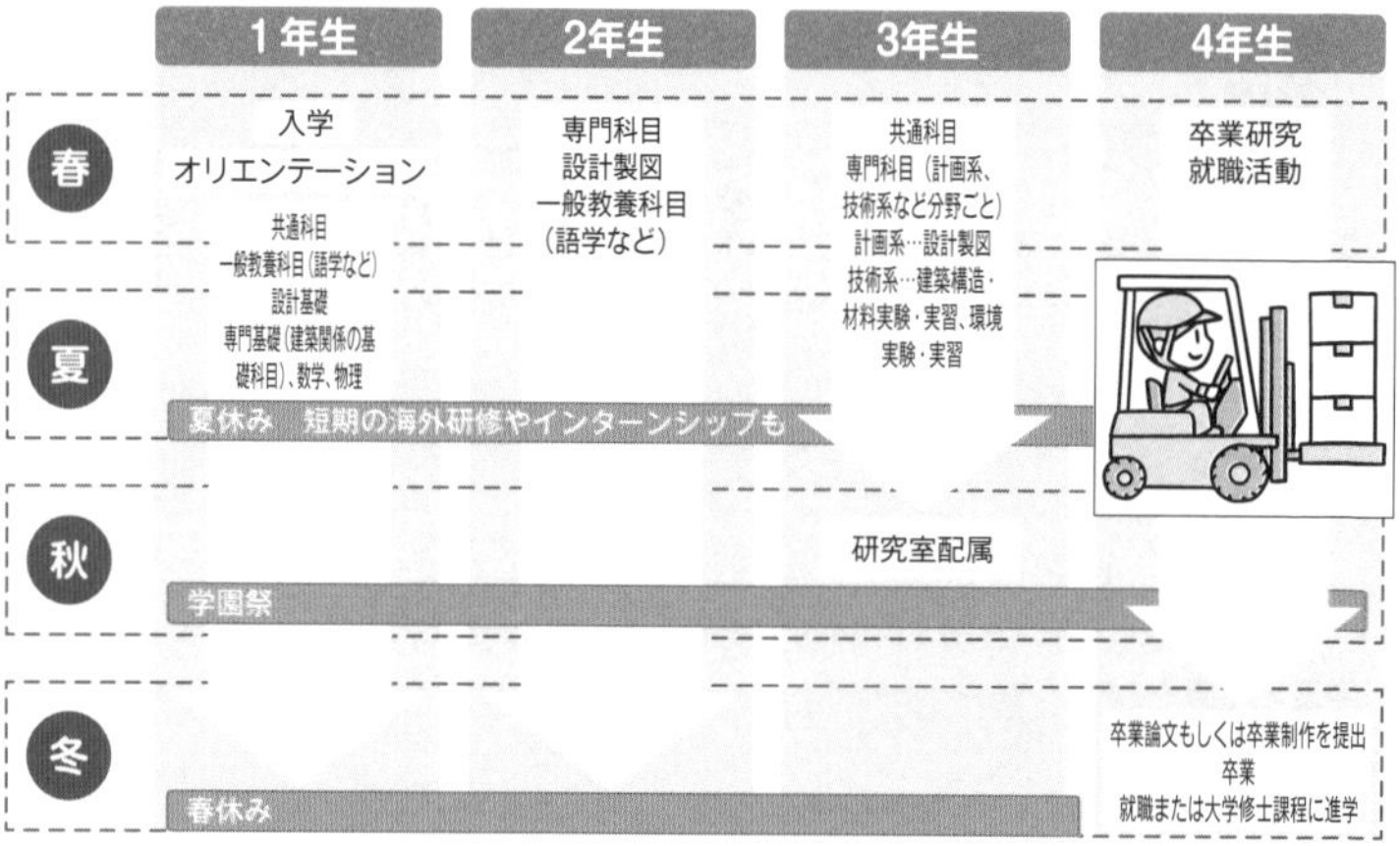

	1年生	2年生	3年生	4年生
春	入学 オリエンテーション 共通科目 一般教養科目(語学など) 設計基礎 専門基礎(建築関係の基礎科目)、数学、物理	専門科目 設計製図 一般教養科目 (語学など)	共通科目 専門科目(計画系、技術系など分野ごと) 計画系…設計製図 技術系…建築構造・材料実験・実習、環境実験・実習	卒業研究 就職活動
夏				
	夏休み　短期の海外研修やインターンシップも			
秋			研究室配属	
	学園祭			
冬				卒業論文もしくは卒業制作を提出 卒業 就職または大学修士課程に進学
	春休み			

学部でも一人ひとり履修《りしゅう》内容が大きく変わる。

意匠《いしょう》系の人は当然、「設計製図」を選択《せんたく》するので今まで以上に忙《いそが》しくなる。構造・建築材料系を選んだ学生は実験実習が多くなり、まちづくり・都市計画系を選択《せんたく》した人はフィールドワークに出かける機会が増えていくことになる。

3年生後期に研究室に所属。4年生は卒論・卒業制作に集中

3年生後期では所属する研究室を決める。より専門的な研究や設計に取り組むためだ。研究室ごとにテーマが違《ちが》うので、個人またはチームでテーマにもとづく課題に取り組む。

4年生になると多くの学生はほとんどの科目履修《りしゅう》をすませており、卒業論文・卒業制作（卒業設計）に集中する。いわゆる「ゼミ」と呼ばれる演習授業が週に1回あり、所属研究室の先生のもとに集まり、卒論の進捗状況《しんちょくじょうきょう》を担当教員に報告。先生だけでなく同じ研究室仲間からも意見をもらい、自分の卒論・卒業制作を完成させていく。

なお、学部卒業後は就職と決めている学生は、大学3年生から就活を始める。

建築学部は4年間ずっと楽しく忙《いそが》しい

古い建物を自分の視点で一新させて、再利用を考える

学生インタビュー 1

芝浦工業大学《しばうらこうぎょうだいがく》
建築学部建築学科ＵＡコース（都市・建築デザインコース）４年生
佐々木《ささき》 怜《れい》さん

高校まで北海道札幌《ほっかいどうさっぽろ》市で過ごす。建築やデザインに興味があり、有名な建築物や美術館の多い東京にある芝浦工業大学へ。休みはアルバイトで貯めたお金で建築めぐりの旅行を楽しんでいる。

幼い頃《ころ》から建築やデザインに惹《ひ》かれて

子どもの時、シックハウス症候群《しょうこうぐん》だった私のために、両親は設計事務所に依頼《いらい》して有害物質を発生しない家をたててもらったそうです。そのことを中学生の頃《ころ》に知って、父とその設計事務所が手がけた建物を見に行ったりするうちに建築への興味が芽生えました。

ただ、私が生まれ育った北海道には建築を学べそうな大学がなかったのと、いろいろな建築や美術館を見たいというのもあって、東京の大学を志望しました。芝浦工業大学にしたのは、オープンキャンパスで聞いた先生の話がおもしろかったのと、都心にあって、アトリエも含《ふく》めてキャンパス全体がとてもきれいで設備も整っていたからです。

私が入った建築学科ＵＡコースは、建築や

都市・まちづくりを対象に幅広《はばひろ》い領域の建築技術を学ぶコースです。1年生から住宅の図面を写したり、模型を製作したりする設計演習があったのですが、この授業がとても印象に残っています。というのも、図面もただ写すのではなく、たとえば「有名建築家が設計した住宅の図面を描《か》いてきてください」といった課題が出て資料も渡《わた》されるのです。それだけでは情報量が足りないので、自分でほかにも資料がないか探さなければなりません。

課題は、最初は住宅から始まり、つぎは図書館、集合住宅、美術館、中高層のオフィスといった具合に建物の規模が広がり、難易度も上がっていきます。図面ができると今度は模型をつくることになります。そんな具合に、設計演習は作業が多くて確かに大変です。でも、もともと絵を描《か》くのも、ものづくりも好きだったので、私は図面・模型どちらの課題も結構楽しんで取り組んでいました。

ちなみに座学の科目では、1年次の「建築の空間と形態」が好きでした。現代アートも見せてくれて非常に興味深かったです。

3年後期はプロジェクトゼミへ

建築学科では3年後期に、「プロジェクトゼミ」といって所属コースに関係なく11分野36研究室から研究室を選びます。私は1年次に好きだった授業を担当していた先生の「建築デザイン研究室」にしました。

研究室に入って間もない頃《ころ》にプレ卒業制作というのがありました。各自が「都心の要」と感じる場所を見つけて、その土地の利用法などをまとめるといった内容です。私は風景にひかれて千葉《ちば》県浦安《うらやす》市を選択《せんたく》しました。実際に調べてみると意外にも重要文化財がいくつかあったり、漁業が行われていたりして発見が多かったです。インターネット情報だけでなく実際に何度も現地へ出向き、地元の人に話を聞いたりしました。これがまた実に楽しくて。この課題のおかげでデジタルとアナログの情報を行き来しながらその地域について深掘《ふかぼ》りし、どんな建物をたてるかを考えるのが好きな自分に気づくことができました。

なお、３年生後期に選択《せんたく》した研究室は自由な雰囲気《ふんいき》で居心地もよかったので、４年生も継続《けいぞく》。ここで卒業制作をすることにしました。

仲間とはともにがんばるから強い絆《きずな》も

卒業制作ではコンバージョンをテーマにしました。コンバージョンとは古い建物の用途《ようと》を変えて新しく改修したり、設計し直したりすることです。

題材にしたのは地元北海道の小樽《おたる》運河にある倉庫。そのなかでも私が選んだのは、観光地として有名なレンガ倉庫ではなく、そこから少し離《はな》れた場所にある北海製罐《せいかん》小樽工場第３倉庫。約１００年前につくられ、今は使われていないＲＣ造の建物です。子どもの頃《ころ》に訪れた時は廃墟《はいきょ》のようで怖《こわ》かったのですが、大学生になり、あらためて眺《なが》めてみると、むしろその雰囲気《ふんいき》に好奇心《こうきしん》をくすぐられました。

卒業制作を進めるにあたりまず考えたのは、単純にこの倉庫を改修して再利用するのではなく、経年劣化《れっか》の過程もうまくデザインに取り込《こ》みたいということ。そのため、最初に建築的な特徴《とくちょう》や古さなどを徹底的《てっていてき》に調べ、どんな用途《ようと》の施設《しせつ》に生まれ変わらせるかを考えました。２カ月に一度、現地を訪れて調査を

卒業制作について先生からアドバイスをもらいます

行い、実際に図面や模型をつくっては試行錯誤《しこうさくご》をくり返しています。週に一度のゼミで途中《とちゅう》経過を発表し合っています。先生の鋭《するど》い指摘《してき》、先輩《せんぱい》や同期からのアドバイスによって改善点に気づかされることも多いので、ゼミは私にとってとても大切な時間です。

同じ研究室では、同期にガソリンスタンドのコンバージョンや、自転車による商店街の活性化を卒業制作のテーマにしている人もいます。それぞれ自分の課題に向き合いながら、はげまし合ってともにがんばっています。いっしょにいる時間が長いので絆《きずな》も強いです。

卒業後は修士課程へ進み、その後は設計の仕事に就きたいです。新築を扱《あつか》う設計会社もいいですが、卒業制作で進めているコンバージョンなどを手がける会社に就職するのもいいなと思っているところです。

製図室で手を動かしながら自分の建築表現を模索する

学生インタビュー 2

東京工業大学《とうきょうこうぎょうだいがく》
環境・社会理工学院建築学系　4年生
西海天翔《にしうみてんと》さん

東京都出身。中学高校、そして大学3年生までバスケ部に所属。幼い頃《ころ》からレゴが大好きでレゴ工作教室に通うほど。小学5年生の時に東京スカイツリーが完成し、建築へのあこがれが強くなる。

2、3年生は設計製図中心の生活

高校2年生の時、東京工業大学（東工大）のオープンキャンパスに参加し、建築学系の卒業設計の展示を見る機会がありました。そこで先生や先輩《せんぱい》たちから話を聞くことができ、子どもの頃《ころ》から漠然《ばくぜん》とあこがれていた建築の世界へ踏《ふ》み込《こ》んでみたくなり、東工大環《かん》境《きょう》・社会理工学院建築学系に入学しました。

1年生の時は全学共通の必修科目を中心に学び、2年生から3年生にかけて専門科目の授業を受けます。「建築一般《いっぱん》構造」「建築計画基礎《きそ》」「建築史」「建築意匠《いしょう》」など座学もおもしろかったのですが、一番好きだったのは「建築設計製図」です。演習形式の授業で、2年生の前期で木造住宅のトレース課題と設計、後期で公共図書館などコンクリート造のトレース課題と設計を行いました。

ひとつの建築物に対して平面図と立面図、断面図があります。トレース課題の場合、既《き》存《ぞん》の建築図面を見て線を写すだけなのですが、それでもこれが壁《かべ》で、壁《かべ》がこう納まっているから、この建築物は成立しているのだということが、手を動かすことでわかってくるのがおもしろかった。たとえば、英語も最初に単語や文法を覚え、文章が書けるようになりますよね。それと同じでトレースをくり返すことでどういう意図で描《か》かれた図面かが見ただけでわかるようになっていく。手を動かすことでまさに〝建築の言葉〟を覚えていくという感じでした。

3年生は設計課題が中心です。最初にまず劇場を設計。その後に「既《き》存《ぞん》美術館の改修」という課題があったのですが、これが印象的でした。展示会場だけでなく今までにない機能も組み込《こ》んだ新しい美術館を設計するという内容だったからです。この授業では毎週違《ちが》う視点からのテーマが出されるので、そのつど同じ建築物を違《ちが》った角度から見つめることができました。しかも、毎週必ずかたちにしていったので前に気づけなかったことが何かがわかってきたのです。考えたことを図面や模型にして残すことの意味、意義を課題に向き合いながら学ぶことができました。

都市における建築の在り方を研究

建築の意匠《いしょう》に進みたいと漠然《ばくぜん》と考えていましたが、3年生になって建築単体ではなく、都市や人の暮らしの観点から建築を考えることが大事だと思うように。それで4年生になって社会や文化の中での建築表現を研究している先生の研究室に入りました。この研究室では大きいテーマに対して先輩《せんぱい》が好きなことを研究していたので、いろいろな視点の話が聞けるのでは、という期待もありました。

卒業論文のテーマとしたのは「渋谷《しぶや》にある路地の階段」です。基本的に階段は移動手段ですが、眺《なが》めていると意外に座ったり、滞《たい》留《りゅう》場所になっていたりします。渋谷は商業地で座れる場所がないからではないかとも思うのですが、そもそも階段もまた滞留《たいりゅう》場所のひとつとしてとらえることで、従来の都市形成よりももっと幅《はば》をもたせてまちづくり、建築づくりができるのではないかと。そんな仮説のもと、この研究を進めています。

大学院生になったらベルギー留学

振《ふ》り返ると一番大変だったのは3年生でした。一番、設計製図を描《か》いたり模型をつくったりに追われていた時期だったので。でも、そういった作業がもともと好きなので積極的に製図室にこもって作業していましたね。

4年生になると授業はほとんどなく、基本的には大学で受けるのはゼミだけ。週1回ゼミの発表があるので、そのための準備をしたり、それ以外の日は渋谷へフィールドワークに出かけたり、研究室のプロジェクトを行ったりして過ごしています。

卒業後は大学院へ進学し、秋から1年間ベルギーへ留学する予定です。都市と建築のデザインを分けずに一環《いっかん》として学べるカリキュラムがあるのと、さまざまな国に囲まれた、狭間《はざま》にある国特有の建築文化があるのではないかと思い、留学先として選びました。

実は留学を決めたのは研究を続けるためだ

ゼミでは同期や先輩と活発に議論をします

けではありません。中高時代の友人たちの影《えい》響《きょう》が大きいです。彼《かれ》らが就活を始め、自分の道を決めていく姿を見て「このまま研究を続けながら漠然《ばくぜん》と上へ上がっていくのもよくない」と。それで海外でマイノリティーの立場に立って社会に揉《も》まれる経験を一度くらいはしておかなければと思ってのことです。

最近になって建築以外の知識や人とのつながりも大事だと思うようになりました。それもあって土日には小説を読んだり、現代アートを見に行ったりしています。中高時代の友人にもよく会います。そもそも建築家はふだん建築とは関係ない、建築の知識がない人たちのために家や建物をつくることになります。そのため、友人たちとの何気ない会話は僕《ぼく》にとってリフレッシュになるだけでなく、建築のヒントが詰《つ》まっていてとても貴重です。

地球にやさしい素材を使って新コンクリート材料を開発

学生インタビュー 3

東京《とうきょう》理《り》科《か》大《だい》学《がく》
工学部建築学科　4年生
阿《あ》部《べ》珠《たま》子《こ》さん

東京都出身。家族とのイタリア旅行で有名建築物を見て以来、建築構造に興味をもつ。大学では３年生までバレーボールのサークル活動、塾《じゅく》講師などのアルバイトもしていたが、４年生から研究に専念。

デザインより構造に興味があった

小学3年生の時、家族旅行で訪れたフィレンツェではじめてサンタ・マリア・デル・フィオーレ大聖堂を見て衝撃《しょうげき》を受けました。中に柱もないのになぜあんな巨大《きょだい》なドーム型の建築物がたっていられるんだろうって。それが建築構造に興味をもったきっかけです。

高校では物理が得意だったので大学は工学分野かなと思っていました。そんな中で建築系を選んだのは、工事現場でヘルメットをかぶって指示している人は施工《せこう》管理とか、机に向かって図面を引いているのは設計など、比《ひ》較《かく》的《てき》職種がイメージでき、大学での学びを職業につなげて考えやすかったからです。

東京理科大学の建築学科は1年生の時に一《いっ》般《ぱん》教養と大学数学の微分《びぶん》積分、工学の基本となる物理、そして建築に関する初歩的なことを学びます。図面を描《か》いたり模型をつくったりする演習もありました。2年生になると建築史、建築計画、建築設備、環境《かんきょう》、建築材料、構造など建築に関する専門科目をひと通り勉強します。その中から自分が進みたい分野を選択《せんたく》し、3年生でより専門的な科目を履《り》修《しゅう》し、4年生は研究室に配属されてそこでさらに専門的に勉強します。

建築学科は「計画分野」「環境《かんきょう》分野」「構造分野」の3部門に分かれています。私は2年生の時、いろいろと学んだなかで「構造分野」がいいなと。やはり幼い頃《ころ》に建築物の構造が気になったという原点にもつながっているのと、意匠《いしょう》系などと違《ちが》って構造は定量的に物事を見つめて進めていく分野なので、自分の性に合っていると思い、選んだのです。

院への進学を見据《みす》え、研究室を選択《せんたく》

3年生でいくつかの研究室を訪問し、先生や先輩《せんぱい》たちに話を聞きました。私は大学院進学を決めていたので、大学4年生から最低3年間はその研究室に所属することになります。だから、専門分野だけでなく先生との相性やアットホームな雰囲気《ふんいき》も考慮《こうりょ》し、建築材料が専門の先生の研究室に決めました。

この研究室では、黎明《れいめい》期の鉄筋コンクリート造建築物の耐久《たいきゅう》性評価と素材的視点からの研究開発や、SDGsの観点から環境《かんきょう》負荷低減型構造材料の開発にも取り組んでいます。また、長崎の軍艦島構造物群《ぐんかんじまこうぞうぶつぐん》のような、古い建物の寿命《じゅみょう》予測と保存のための補修・補強技術の研究開発なども行っています。

私が取り組んでいるのは、ポーラスコンク

リートという材料の研究です。通常のコンクリートよりも空隙《くうげき》（すきま）が多いので、透《とう》水《すい》性が高いのが大きな特徴《とくちょう》。この空隙《くうげき》内で植物を栽培《さいばい》することもできますし、護岸など水辺に使えば、水質浄化《じょうか》や微生物《びせいぶつ》の棲《す》みかにもなるということもあって、環境《かんきょう》負荷低減型のコンクリートとして今、注目されています。

通常のコンクリート同様、砂と砂利とセメントを混ぜて製造されます（極端《きょくたん》に砂が少ないので空隙《くうげき》ができるわけです）。ただ、このセメントを混ぜることで二酸化炭素を排《はい》出《しゅつ》することが以前から大きな課題でした。かといってセメントではない物質を砂利に混ぜてポーラスコンクリートをつくると、やや強度が落ちてしまいます。透水《とうすい》性も変わってしまうということで、セメントではない物質でもセメントを使った時と同じ強度と透水《とうすい》性を保つためにはどうすればいいかを考えながら、実験をくり返しています。

ちなみにセメントの代わりに混ぜている物質は、高炉《こうろ》スラグ微粉末《びふんまつ》といって産業廃棄物《はいきぶつ》のリサイクルでできた産業副産物。まさに地球にやさしい素材です。

実験では、この高炉《こうろ》スラグ微粉末《びふんまつ》と砂利を混ぜる配合を事前に計算して、これぐらいの比率であれば25％ぐらいの穴は空けられると想定して試験体を製造しても、30％になってしまったりとどうしても誤差が生じます。なかなか計算通りにもなりません。そこが難しいところですが、だからおもしろいと感じる部分でもあります。

仲間と協力、他校との連携《れんけい》も楽しい

研究室の先生は学生の主体性を尊重してく

学生インタビュー

コンクリートの試験体の強度を調べています

れます。一生懸命《いっしょうけんめい》研究を続けていたら外部との連携《れんけい》を提案してくれました。それで今は週2回、埼玉《さいたま》にある大学へ行き、共同研究をさせてもらっています。また、私が製造した試験体の中身を知るため、関西にある大学の施設《しせつ》をお借りしてX線CTスキャンで調べさせてもらったこともあります。

4年生の今は、研究室か実験室のどちらかで研究漬《づ》けの日々を送っています。ただ、自分一人では到底《とうてい》コンクリートの試験体をつくることはできないので、同期や先輩《せんぱい》に手伝ってもらうことも多いです。私も自分の研究だけでなくほかの人を手伝いながら、新しい知見を学ばせてもらっています。

体力的にもかなりハードですが、でも、この研究が楽しくてたまらないので、修士課程を経て研究職に就くのが目下の目標です。

さまざまな人が共生するまちづくりがおもしろい

学生インタビュー
4

工学院大学《こうがくいんだいがく》
建築学部まちづくり学科　4年生
長谷川《はせがわ》るりさん

神奈川《かながわ》県出身。高校時代はバスケ部に所属。建物をつくる人になりたくて建築デザイン学科へ入学するが、3年生からまちづくり学科へ。ランドスケープを深く学びたくて大学院に進学予定。

取材先提供
（以下同）

大学3年生でまちづくり学科へ変更《へんこう》

何となく建物をつくる人になりたいという思いはあったものの、高校時代は部活一筋で進路を考え始めたのが遅《おそ》かったのもあり、途中《とちゅう》で学科変更《へんこう》ができる工学院大学建築学部建築デザイン学科へ入学しました。実際、1、2年生の間は学科を横断する共通カリキュラムで、建築学の幅広《はばひろ》い知識が身につきました。

その中で大変だったのは設計の授業です。みずからアイデアを出し、デザインを考えることもしんどくて、自分にはちょっと向いていないかなと思いました。

そこで気持ちの変化がありました。それまでは建築単体をデザインしたいと考えていたのですが、2年生の時に受けた「都市計画」という授業に大変心惹《ひ》かれ、「まちづくり」

に強く関心をもつようになったのです。まちづくりは地域住民、行政、民間企業《きぎょう》などさまざまな立場の人がかかわってひとつのまちや都市をかたちづくっていきます。人と人がかかわる部分が大きい点に魅力《みりょく》を感じ、3年生になるタイミングでまちづくり学科へ転科しました。

都市デザインの研究室に

まちづくり学科では3年生の前期に環境《かんきょう》、都市デザイン、安全・安心、ランドスケープデザインの4分野の専門科目を選択《せんたく》しました。全分野を履修《りしゅう》する必要はなかったのですが、まだ、どの分野に行きたいか絞《しぼ》り切れていなかったので、とりあえず全部受けたのです。

必修科目「まちづくり演習」では、西新宿《にししんじゅく》エリアの開発に対する提案をグループワークで考えました。これが本当に楽しくて、都市計画を研究する「都市デザイン」の研究室に3年生の後期から入りました。

この研究室ではいくつかのプロジェクトを進めています。私が参加しているのは「西新宿5丁目プロジェクト」です。再開発事業で建てられた高層マンションで暮らす新住民と、昔《むかし》から住んでいる旧住民の交流が希薄《きはく》であることが問題となっていました。すべての住民が愛着と誇《ほこ》りを感じられるまちにしたいという願いをこめて、「世代を超《こ》えて喜ばれるまち」というまちづくりのビジョンを掲《かか》げ、再開発事業が進められています。

私たち学生もプロジェクトの一員となり、新旧住民の地域コミュニティー促進《そくしん》のため、賛同企業《きぎょう》の方々とも協力し合って地域イベントを開催《かいさい》しています。大きな地域マップを用意し、通りがかった住民の方に、お気に入りの場所をシールで印づけしてもらったことも。マップに集まった情報は、ポスターとして展示しました。そうすることで集まった情報を地域に還元《かんげん》できますし、間接的な住民同士の交流になるからです。

もうひとつ、東京・中野《なかの》区の古い商店街の一角にあるUR都市機構《としきこう》保有の敷地《しきち》を活用し、空き地利用を促進《そくしん》させるプロジェクトにもかかわっています。ここでは地域の人たちが居心地のよい場づくりを行うきっかけをつくれるような活動をしています。植栽《しょくさい》のワークショップや謎《なぞ》解《と》きまち歩きなどを行いました。

地域に出向いてアンケートを取ることも多いです。厳しい意見もありますが、それも含《ふく》めていろいろな住民の声を聞くことが、よりよいまちづくりにつながっていくんだなと。

何よりそういうリアルな声を拾い集めて改善策をみんなで考えるのが私は好きだなと、プロジェクトを通して実感しました。

留学でさらに将来の方向が変化

3年生の後期、工学院大学独自のプログラム「ハイブリッド留学」でイギリスのカンタベリーに3カ月間、留学しました。提携《ていけい》校での英会話の授業があり、滞在《たいざい》中はホームステイなのでそこで英語を身につけます。現地の大学生たちが行っている「まちの調査」のお手伝いもしました。ただし、専門科目は工学院の先生方による授業なので日本語です。

この時、現地の公園を見学したり、日本との緑地環境《かんきょう》の違《ちが》いを知る授業も受けました。そこで自然環境《かんきょう》との調和を考えるランドスケープの分野に強く興味をもちました。

地域の住民の意見を聞くフィールドワーク中です

それもあって卒業論文のテーマを「公園」にしました。都内各地にも小さな公園がたくさんあります。でも、どこかまちから切り離《はな》された印象があります。もっとまちと一体化させて有効活用するにはどうしたらいいのかを探るため、いろいろな公園を訪れたり、過去の論文を探して読んだりしています。やればやるほどランドスケープがおもしろくなり、もっと深掘《ふかぼ》りしたくなりました。そのため、卒業後は大学院へ進学する予定です。

最初は建築デザインを学びたくて大学へ入ったものの、まちづくり、ランドスケープへと興味の対象が変化し、大学院に行くことになりました。高校時代にはまったく考えていなかった進路です。中高生のみなさんもまだ将来の夢《ゆめ》が見つかっていなくてもだいじょうぶ。大学へ入ってからでも十分探せます。

4章

資格取得や卒業後の就職先はどのようになっていますか？

Q16 卒業後に就く主な仕事はなんですか？

大学院へ進む人が多い

建築学部は学んだ専門科目を活かして仕事に就く人が多いという話をしたが、卒業したらすぐにそのままみんながみんな、建築関連の会社へ就職するわけではない。**実は最近増えているのが、就職はしないで大学院へ進学するパターンだ。**

もちろん、これもまた大学によりけりだが卒業生の6～7割、なかには約9割が大学院へ進んでいる。大学院には修士課程と博士課程があるけど、だいたい修士課程までいって修了《しゅうりょう》したら就職するという感じかな。

では、なぜ大学院へ進む人が多いのか。ひとつは自分が選んだテーマの研究に取り組んでいるうちに、さらに深掘《ふかぼ》りしたくなるからだ。建築学部の場合、1、2年生で建築の基《き》礎《そ》を徹底的《てっていてき》に学ぶ。3年生になって専門科目が増えてくるものの、研究が始まるのは3年生後期もしくは4年生になってから。ようやく研究に取り組めると思ったらわずか1年～

1年半で卒業になってしまう。

この研究期間が長いと思うか、短いと思うかは人それぞれだと思うが、「やりたかった研究をしているんだから、もっとじっくり取り組んで自分なりの成果を極めたい」「せっかくおもしろいプロジェクトに加わったんだからもう少し続けてみたい」と思うのも無理はなく、そういう人たちが大学院進学を選んでいるわけだ。

もうひとつの理由として、将来を考える時間が欲しかったからというのもある。「学部で卒業しようと思って就活もしたものの、自分がやりたいことが何かが見えなくなったから大学院へ進学してもう少し考えてみたくなった」という先輩《せんぱい》もいる。一見、ネガティブな理由にも思えるが、学生期間を2年プラスして、研究に取り組みながら将来について悩《なや》むのは決して悪いことではない。その間により高い専門性とスキルを身につけることもできるから、おのずと就職先の幅《はば》も広がるはずだ。

なお、「設計がやりたい」「研究職に就きたい」など専門職への就職を考えているなら、断然、大学院へ進学したほうがよさそうだ。

就職先として人気が高いのはゼネコン・設計事務所

建築学部の卒業生に人気なのは総合建設業、いわゆるゼネコン。とりわけ「スーパーゼネコン」と呼ばれる大手5社は就活生から絶大なる人気を誇《ほこ》っている。

自分で建築物を設計したいという人たちに人気の就職先は設計事務所だ。その場合、大きく「組織設計事務所」と「アトリエ系設計事務所」の二つの選択肢《せんたくし》がある。

・**組織設計事務所**……意匠《いしょう》設計（建築デザイン）、構造設計、設備設計などそれぞれの設計の専任が所属するプロ集団。建設が実際に始まると現場監理《かんり》も行う。オフィスビル、官公庁の庁舎や、劇場・ホールなどの文化施設《しせつ》、商業施設《しせつ》、再開発プロジェクトなど大規模な建築物を取り扱《あつか》うことが多い。

・**アトリエ系設計事務所**……基本的に個人経営で、独自のデザイン性、クリエイティブさを追求する設計事務所。住宅をメインにするところもあれば、大規模な施設《しせつ》などを積極的に手がけているところまでさまざま。デザイン性の高い建築物を手がけるところが多い。組織設計事務所へいったん就職し、再開発やビルなどの物件を経験し、研鑽《けんさん》を積んでから独立、自身の設計事務所を立ち上げるパターンも多い。

そのほか、建築の知識を活かしてハウスメーカー、工務店、不動産会社（デベロッパー）、建材メーカー、建設コンサルタント、まちづくりコンサルタントなどで働く道がある。また、国家公務員、地方公務員として活躍《かつやく》する人たちも決して少なくない。地方公務員であれば、志望する自治体の地方上級技術職の技術系区分「建築」で受験して合格すれば、都市計画課など建築系の部署へ配属になる可能性は高い。

国家公務員も国土交通《こくどこうつう》省をはじめ、防衛《ぼうえい》省、警察庁《けいさつちょう》、外務《がいむ》省など一見関係なさそうな省庁でも建築系の知識をもつスペシャリストを採用しているので、関心がある人は人《じん》事院《じいん》のホームページでチェックしてみよう。

建築とは関係ない異業種に就職する人も

建築学部で学んだからといって必ずしもその知識やスキルを活かして働かなくてもだいじょうぶ。実際、広告代理店や出版社、建築関連以外のメーカーへ就職する人もいるのだ。また、ダイレクトに建築の知識やスキルを活かす機会はなくても、建築学の素養や研究の中で身につけた応用力を活かして活躍《かつやく》できるよ。

大学院へ進学して選《せん》択《たく》肢《し》と可能性を広げるのもOK

Q17 建築学部で取りやすい資格を教えてください

建築士を名乗るには資格が必要

建築に関連する資格と聞いて誰《だれ》もが頭にパッと思い浮《う》かべるのは建築士だ。よく「建築家」「設計士」と名乗ったりするが、その場合、資格は必要ない。ただし、「建築士」を名乗る場合には資格が必要になる。

「建築士」の資格には一級建築士、二級建築士、木造建築士がある。設計できる建築物の規模と用途《ようと》による違《ちが》いによって分かれている。

- **一級建築士**……すべての構造、規模、用途《ようと》の建築物の設計・工事監理《かんり》。
- **二級建築士**……比較的《ひかくてき》小規模な建築物についてのみ、設計・工事監理《かんり》。
- **木造建築士**……より小規模な木造建築物の設計・工事監理《かんり》。

建築士の資格がなければ、一定の建築物の設計・工事監理《かんり》を行ってはいけないことになっている。建築の許可を得るための必須《ひっす》条件だ。「戸建て住宅をつくる建築家になりたい」

というのであれば、二級もしくは木造建築士の資格でもＯＫ。ただし、「住宅以外にもビルや学校など大きなものの建築にたずさわりたい」と思うなら、ぜひ一級建築士を取得しておきたいところだ。

大学、さらには大学院修士課程まで進み、建築家として設計の仕事がしたいという場合は、基本的に一級建築士をめざす。ちなみに一級は国土交通省の免許《めんきょ》で、二級・木造建築士は都道府県知事から交付される免許《めんきょ》になっている。

建築士試験は以前、一定の指定科目を修めて学校（大学、短大、高専、専修、職業能力開発学校など）を卒業しても、実務経験がないと試験を受けることができなかったが、2020年度の試験から、試験受験・合格後に所定の年数以上の実務経験を積むことができるようになった。つまり若い段階で建築士として活躍《かつやく》できる仕組みになったということだ。

なお、建築士事務所を立ち上げる際には一級もしくは二級建築士を取得後、3年間建築事務所で働くなどの実務経験を経て、管理建築士という資格が必要になる。

建築学科で取得できる資格は幅広《はばひろ》い

建築物というより、空調、換気《かんき》、給排水《きゅうはいすい》衛生、電気などの建築設備にかかわって仕事をしていく場合、建築設備士という資格を取得することになる。これもまた一級建築士を取得後、規定の実務経験を経ていないと受験できない仕組みになっている。

なお、一級建築士の上位資格として設備設計一級建築士、構造設計一級建築士という資格が2006年につくられた。これによって建築士イコール「計画・意《い》匠《しょう》」のイメージから脱却《だっきゃく》し、設備や構造も設計のスペシャリストとしての認知度が高まった。

卒業プラス実務経験で受験資格が得られる主な資格には、さらに労働安全（衛生）コンサルタント、建設機械施工《せこう》管理技士（1、2級）、土木施工《せこう》管理技士（1、2級）、建築施工《せこう》管理技士（1、2級）、コンクリート主任技士、コンクリート診断《しんだん》士などがある。

建築学部で取得をめざせる資格一覧

〈メイン資格〉

- 一級建築士、・二級建築士、・木造建築士（実務経験なしで受験できるが、免許登録に２年以上の実務経験が必要）

〈インテリア系〉

- インテリアプランナー（学科試験に合格後、設計製図試験の受験可能）建築士は学科免除
- インテリアコーディネーター（誰でも受験可能）
- 福祉住環境コーディネーター（誰でも受験可能）

〈その他〉

- 建築設備士（※卒業後、２年以上の実務経験があれば、受験資格が得られる）
- 建築施工管理技士（建築学科で学校認定を受けている資格があれば、卒業後、所定の実務経験で受験資格が得られる）
- 空気調和・衛生工学会設備士（卒業証明書の提出で受験可能）
- 高等学校教諭一種免許（工業）（所定の科目を修得することで取得可能）

そのほか、インテリアの企画《きかく》・設計から工事監理《かんり》まで行うことができるインテリアプランナーや、インテリアコーディネーター、福祉《ふくし》住環境《じゅうかんきょう》コーディネーターなどは、特に受験資格が問われないので、在学中から必要だと思えば受けて取得することができる。

海外との相互《そうご》認証も

日本国内での建築需要《じゅよう》がやがて減っていった場合、海外で仕事をするという選択肢《せんたくし》も出てくる。そうした未来を見据《みす》えて、建築学部のカリキュラムに国際的に通用する技術者を輩出《はいしゅつ》する教育プログラム「JABEE（日本技術者教育認定機構《にほんぎじゅつしゃきょういくにんていきこう》）」を導入し、卒業証書とともにJABEE認定証を授与《じゅよ》する大学が出てきている。同時に技術士第一次試験が免除《めんじょ》となるシステムだ。また、法律の定める登録を行えば、日本のエンジニア資格の「技術士」のうち「技術士補」を名乗ることができるようになっている。技術士とは高い技術をもっていることを証明する国家資格で、建設部門での取得になる。これからの時代、海外でも活躍《かつやく》したいと考えているならJABEEのことは念頭に入れておくといいだろう。

自由にいろいろな建物をつくりたいなら一級建築士

Q18 意外な仕事でも活躍している先輩はいますか？

さまざまな仕事で活躍《かつやく》する先輩《せんぱい》たち

建築学部卒は建築関連の仕事に就かなくてもだいじょうぶ、という話をQ16で話したが、**実際、先輩《せんぱい》たちは想像以上にさまざまなフィールドで活躍《かつやく》している。**

学部を卒業して家具づくりの職人になったり、映画業界で活躍《かつやく》している人もいれば、ドラマや映画の舞台装置《ぶたいそうち》をつくる会社に就職した人もいる。

アニメの制作会社に入った卒業生は、建築学科で身につけたデジタルスキルが役立っているようだ。先ほどの舞台装置《ぶたいそうち》をつくっている卒業生も同じことを言っていた。背景のつくり方などにも建築で得た知識やデジタル知識が役立っているとのことだ。

ある大学の卒業生はいったんアトリエ系設計事務所へ入ったものの、自分には合わないと気づき、伝統工芸の職人になったそう。学生の時は「これだ！」と思っても、実際に仕事をしてみると「ちょっとやりたいことじゃなかった」と思うことは決して悪いことでも

ないし、間違《まちが》ってもいない。

特に建築学部は、人の暮らし、生活を考えることが多いのだが、そこで考えたことは、建築という表現で活かさずともファッションだって、家具だって何にでも応用が利くのだ。建築の素養はどんな分野においても必ず武器になってくれるのである。

建築の知識やスキルを活かせる場は無限大

ＩＴ系の企業《きぎょう》に就職した卒業生が、社内の環境《かんきょう》整備をする部署で活躍《かつやく》したり、大手冷凍庫《れいとうこ》メーカーに就職し、冷凍機《れいとうき》がきちんとおさめられる倉庫の設計にたずさわっている例もある。

また、防衛《ぼうえい》省へ技術職（建築）で入省し、防衛施設《しせつ》の設計などにたずさわっている人もいる。とにかく裾野《すその》が広く、どんな場所でも活躍《かつやく》できるのが建築学部の強みだ。

舞台装置《ぶたいそうち》や社内の環境《かんきょう》整備まで幅広《はばひろ》く活躍《かつやく》できる

環境負荷のないRC造実現のため
環境配慮型コンクリートを研究開発

卒業生インタビュー 1

鹿島建設《かじまけんせつ》 技術研究所建築生産グループ研究員

東京理科大学《とうきょうりかだいがく》工学部建築学科卒業

平《ひら》田《た》真《ま》佑《ゆ》子《こ》さん

千葉《ちば》県出身。都内の高校を卒業後、東京理科大学大学院工学研究科建築学専攻修《せんこうしゅう》了《りょう》。鹿島建設に研究開発職として入社。2023年より東京理科大学大学院工学研究科建築学専攻《せんこう》に復学。博士課程1年在《ざい》籍《せき》中。

取材先提供（以下同）

大学時代の専攻《せんこう》を活かして

私が働く鹿島建設は、1840年創業以来、鉄道やダム、道路をはじめとする社会基盤《きばん》、そして住宅、オフィスや商業施設《しせつ》、さらには超高層《ちょうこうそう》ビルまで数々の建築物をつくってきた総合建設会社（ゼネコン）です。国内だけでなく海外にも数多く拠点《きょてん》があり、さまざまな建築・開発事業を展開しています。

私は鹿島建設が建設業界ではじめて開設した研究開発拠点《きょてん》の技術研究所に所属し、さまざまな建築物やインフラ整備などに使われるコンクリート材料の研究にたずさわっています。大学から続けていたコンクリートの研究ができる環境《かんきょう》があったので就職を決めました。

同じ部署には建築系が10名程度。その他にも仕上げ材の研究にたずさわる化学系出身者が数名在籍《ざいせき》しています。

入社すると、まずは上司の補助業務からスタートします。上司について生コンクリート（生コン）の工場の試験室で品質確認を行うだけでなく、建設現場へも行きました。搬《はん》入《にゅう》された生コンの品質を確認し、準備されていた型枠《かたわく》にコンクリートを流し込《こ》み、職人さんがならす作業まで見守ります。現場には毎回行くわけではなく、特別なコンクリートを使ったり、いつもとは違《ちが》う施工《せこう》方法の場合は技術研究所の研究員が現場支援《しえん》というかたちで出向きます。

それ以外に新人時代には、リニューアル工事の研究開発を行う上司のもと、電線や配線を傷つけずに作業できるドリルの開発を担当したり、海外の建物の維持保全にかかわる研究開発を現地の大学との共同研究で進めるプロジェクトに参加させてもらったりしました。同じ部署の中にいろいろな研究があることを知ることができて、おもしろい経験でした。

環境《かんきょう》配慮《はいりょ》型のコンクリートをつくる

今、私が取り組んでいるのは、セメントを削減《さくげん》した環境《かんきょう》配慮《はいりょ》型コンクリートの研究開発です。コンクリートの材料であるセメントは製造時に二酸化炭素の排出《はいしゅつ》量がかなり多いこともあって、環境《かんきょう》への負荷が問題視されていました。そこでセメントの60～70％を高《こう》炉《ろ》セメントという産業副産物に置き換《か》えてつくった環境《かんきょう》配慮《はいりょ》型コンクリートがあります。「ECMコンクリート」というものですが、これまではひび割れや中性化などに懸念《けねん》があり、空気にふれることの少ない地下部分で多く使われていました。これを地上部分でも活用できるものにして使う量を増やしていくため日々実験をくり返し、方法を模索《もさく》しています。環境配慮型《かんきょうはいりょがた》コンクリートは、現状は従来のものよりコスト高ですが、環境配慮《かんきょうはいりょ》を求める施主《せしゅ》さまも増えています。まさに時代に求められているものです。上司の勧《すす》めもあり、入社4年目に入った頃《ころ》、東京理科大学大学院の博士課程に進学しました。

国の一大プロジェクトにも参加しています。鹿島だけでなく50社以上がかかわっている「グリーンイノベーション基金事業」です。そこではカーボンニュートラルに向けたコンクリートの開発を行っています。

研究を楽しく語る教授に魅《み》せられて

絵を描《か》くのが好きだったこともあり、東京理科大学工学部建築学科へ入学した頃《ころ》は、建築デザインへ進みたいと思っていました。でも、実際に大学で学び始めてから、建築にはさまざまな分野があることを知りました。

その中でコンクリート材料を自分の専門にしようと思ったのは、建築材料工学の先生があまりに楽しそうに授業をされていて思わず引き込《こ》まれたことがきっかけでした。

先生の研究対象のひとつに長崎《ながさき》の軍艦島《ぐんかんじま》がありました。かつて炭鉱で賑《にぎ》わった島ですが、100年以上経った世界最古の鉄筋コンクリート造アパートもあり、建物はかなり劣化《れっか》しつつも、当時の生活がわかるような状況《じょうきょう》で残っています。世界遺産に登録されているほど歴史的価値があり、鉄筋コンクリート造の耐久性《たいきゅうせい》や素材的視点から先生は研究を続けています。私は在学中、この軍艦島で劣化《れっか》が比較的《ひかくてき》ゆるやかなコンクリート造の補修工法

研究所内の試験室で品質確認を行います

や保全の仕方をテーマに研究をしていました。そこでの経験が今の仕事に大いに役立っています。

現在は東京理科大学大学院博士課程に在籍《ざいせき》しているので、せっかくなら国際学会で自分の論文を発表したいと思っています。

また、将来的には国内だけでなく海外の動向も見据《みす》えてグローバルな研究開発にたずさわっていきたいと思っています。さらにいずれは自分が独自で開発したコンクリート材料が、実際の建物に使われるようになることもまた大きな目標です。

建築学系はかなり専門性が高いので、社会へ出てからそのまま役立つスキルが身につけられます。実際、結婚《けっこん》、出産後でも復帰して活躍《かつやく》している方が私の会社でも多いです。建築学系は長く働きたい人におすすめです。

卒業生インタビュー
2

施主の要望からヒントを得て期待以上の建築物を設計する

HIGASIYAMA STUDIO《ヒガシヤマスタジオ》 代表 一級建築士
名古屋《なごや》工業大学《こうぎょうだいがく》工学部建築・デザイン分野卒業

鈴《すず》木《き》淳《じゅん》平《ぺい》さん

愛知《あいち》県出身。名古屋工業大学卒業。東京《とうきょう》工業大学《こうぎょうだいがく》大学院博士後期課程単位取得満期退学。一級建築士の資格をもつ。大学の非常勤講師のほか、建築写真家としても活躍中《かつやくちゅう》。

取材先提供
（以下同）

手を動かして設計の力をつける

東京と出身地・名古屋を拠点《きょてん》に全国各地で設計・監理《かんり》の仕事をしています。ふだんは個人の住宅や店舗《てんぽ》の設計、マンションなどの改修を手がけています。

建築を学びたくて名古屋工業大学工学部建築・デザイン分野に入りました。1年生の時は基礎的《きそてき》な講義と演習が中心になるのですが、私は当時から「建築設計製図」の授業が大好きでした。入学早々、いきなり「CADで図面を描《か》いて、3分のCG動画にまとめなさい」という課題が出てびっくりしましたが、それもやってみると想像以上におもしろくて無我夢中《むがむちゅう》で製作しました。

4年生からはメディアの中の建築を調査する研究室に入りましたが、振《ふ》り返ると大学4

年間のほとんどを製図室にこもって図面を描《か》いたり模型をつくったりして過ごしていました。おかげで製図も模型もかなり上達しました。名古屋工業大学の建築・デザイン分野には「手を動かして覚える」といった教育風土があり、それが私にはとても合っていました。

その後、東京工業大学大学院へ進学しました。研究者であり、建築家としても第一線で活躍《かつやく》するプロフェッサー・アーキテクトにあこがれがあり、そういう先生が多かったからです。早速、建築や都市環境《かんきょう》に関する意匠《いしょう》論的な研究と設計を専門とする先生の研究室に入り、修士と博士課程合わせて約5年在籍《ざいせき》。そのうち約3年はその先生が手がける東京工業大学緑《みどり》が丘《おか》6号館の計画段階から竣工《しゅんこう》にいたるすべてを手伝っていました。

4年目が終わる頃《ころ》、東京工業大学付属高校建築学科の助手の話がありました。働きながら論文を書いたら、と先生にアドバイスされたのですが、そのタイミングで建築士として先輩の仕事を手伝い始めてしまって。結局、論文は書かずに大学も退学。なお、一級建築士の資格は博士課程の時に取得しました。

マンションのリノベからスタート

当時、ちょうどマンションをリノベーションして再販《さいはん》するのがひとつのトレンドになり始めた頃《ころ》だったので、そういう仕事を先輩《せんぱい》の紹介《しょうかい》でさせてもらい、実績を積みました。高校助手の任期が終わると同時に東洋《とうよう》大学で助手の仕事を始めました。それを機に一級建築士事務所をつくり、正式に独立しました。

仕事の受注は紹介《しょうかい》でいただくことがほとんどです。一昨年、都内の戸建て住宅の設計・監理《かんり》をさせてもらいましたが、同期からの紹介《しょうかい》でした。私にとってははじめての戸建て住宅だったのですが、施主《せしゅ》さんがすごくデザインを気に入ってくれて、勤務先の関連会社にも紹介《しょうかい》してくださり、内装《ないそう》の仕事を受注できたんです。そのように人のつながりだけでなく、実績が評価されて受注につながることは建築士として本当にうれしい限りです。

建築士は設計図面を描《か》く人というイメージがありますが、実はコンサルタント的な要素が色濃《いろこ》く、実際、各方面への連絡《れんらく》や調整業務に追われることが多いです。でも、その中で施主《せしゅ》さんや現場の人たちとのコミュニケーションがうまくいった時の喜びはまた格別です。

建築家のなかには「施主《せしゅ》の要望から自由になって、自分の建築像をもって設計したほうがいい」という考え方の人もいます。でも、私にはそれはなく、あくまでも施主《せしゅ》さんファースト。要望をすくい上げながら施主《せしゅ》さんが理想とする建物に仕上げていくほうが断然好きですし、やりがいを感じます。

大阪《おおさか》・関西万博《かんさいばんぱく》のトイレを設計

大阪で開催《かいさい》される２０２５年日本国際博覧《にほんこくさいはくらん》会《かい》（大阪・関西万博）の会場施設《しせつ》のプロポーザル方式による設計業務公募《こうぼ》が22年に40歳《さい》以下の建築士を対象に行われたのですが、提案が無事審査《しんさ》を通過し、採用されることになりました。

バイオマスプラスチックを３Ｄプリンターで造形しつくるアイディアを大学院の後輩《こうはい》と組んで考えました。公募《こうぼ》の採点でエコロジーのウエートが大きかったこと、また、万博の会期を終えたら壊《こわ》されることが決まっていた

大阪・関西万博の公募で採用が決まった建築の模型（写真はイメージです）

ので、土に還《かえ》るバイオマスプラスチックという素材を使って、最先端の技術である3Dプリンターで製作したらどうかと考えたわけです。

万博は未来社会の実験場といったコンセプトがあったので、いつになく自由な発想で挑《いど》めたのが楽しかったです。

建築家の仕事以外に、建築写真家としても活動しています。プロのカメラマンが撮《と》っているのを見ているうちに自分でもやってみたくなって（笑）。撮影《さつえい》へ行くたびにその建築物をじっくり眺《なが》めることができますし、自分の設計にも役立つことが多いので写真の仕事も引き続きやっていきたいと考えています。

さらに実績を積んで近い将来には、学校や保育園など公共施設《しせつ》を手がけてみたいですね。自分の色を決めこまずに、いろいろな雰囲気《ふんいき》のものをつくっていきたいです。

住民の思いが聞ける公務員として より住みやすいまちづくりを推進

卒業生
インタビュー
3

墨田区役所《すみだくやくしょ》　都市計画部都市計画課　景観・まちづくり担当

工学院大学《こうがくいんだいがく》建築学部まちづくり学科卒業

島田泰仁《しまだひろひと》さん

長野《ながの》県出身。工学院大学大学院工学研究科建築学専攻修了《せんこうしゅうりょう》後、東京都の地方公務員上級（技術職）試験を経て墨田区役所の職員に。中学、高校、大学とサッカー部所属。社会人の今も続けている。

区の市街地再開発事業にかかわる

公務員として東京都の墨田区役所に勤めています。入所して最初の5年間は都市整備部立体化・まちづくり推進担当拠点《きょてん》整備課に所属し、押上《おしあげ》・とうきょうスカイツリー駅周辺地区と曳舟《ひきふね》駅周辺地区の駅前拠点《きょてん》形成のまちづくりを担当していました。

押上・とうきょうスカイツリー駅周辺地区とは押上駅と、とうきょうスカイツリー駅を中心とする地区で、区の魅力《みりょく》をリードする広域総合拠点《きょてん》として位置づけられています。その中心のスカイツリータウンのあるエリアは先んじて開発が進んでいたこともあり、都市基盤《きばん》と商業施設《しせつ》が整備されて賑《にぎ》わっています。一方、この地区の北側は耐震性《たいしん》が低く老《ろう》朽《きゅう》化した住宅が密集しており、防災性の高い市街地への更新が急務です。そのための業務として災害時における円滑《えんかつ》な避難《ひなん》路の確保や、生活道路の整備に関する都市計画決定、まちづくりルールの策定のための地域住民との勉強会などにたずさわっていました。

曳舟駅周辺地区は、東武伊勢崎《とうぶいせさき》線「曳舟駅」と京成《けいせい》押上線「京成曳舟駅」を通じて区の北部地域をつなぐ交通の要所で区の広域拠《きょ》点《てん》になります。しかし、駅前には広場がなく、建物も密集。そこで「曳舟駅」の東側を中心に駅前としての機能を充実《じゅうじつ》させるべく、再開発事業による権利者の意向を踏《ふ》まえたまちづくり計画を立案したり、関係機関との円滑《えんかつ》な調整などといった業務を担当していました。

真摯《しんし》に説明すればわかってくれる

墨田区が推進するより便利で快適なまちづくりは、基本的には地域住民のためです。とはいえ、住民の方々に負担をかけてしまうこともあるので、まちの再開発プロジェクトを進める際は、できる限り住民の方への配慮《はいりょ》を忘れないよう心がけました。

6年目に入るタイミングで、都市計画部都市計画課景観・まちづくり担当に異動しました。事業者が一定規模の共同住宅やビルなどを建設する際には、事前に墨田区の条例に適合しているか、自治体にプランを提出し、審《しん》査《さ》を受けなければならないのですが、その窓口が都市計画課です。現在もこの部署で、集合住宅条例や景観条例に適合しているか、プランを確認する業務にたずさわっています。

それと、隅田川《すみだがわ》沿川にある本所一丁目の開発にもかかわっています。このエリアでは、大規模な開発が予定されていますが、地域住民が作成した「まちづくり方針」に基づく魅《み》力《りょく》ある開発へと誘導《ゆうどう》するため、都市開発諸制度や地区計画の活用に向けて、事業者や関係機関と調整などを行っています。

専門的な手法を活用した開発なだけに、かなり早い段階から住民の方々に向けてまちづくり説明会を実施《じっし》しました。

実務担当として事前準備を入念に行い、都市開発諸制度や地区計画について説明しました。説明会の終了《しゅうりょう》後には、参加住民から「説明がわかりやすかった」とほめられて、感激しました。

以前、先輩《せんぱい》から「墨田区は下町気質でやさしい人が多いから、こちらが責任をもって対応すれば、話を聞いて協力してくれるよ」と聞いていたのですが、本当にそうだなと実感できてうれしかったです。

直接まちづくりがしたくて公務員に

出身は長野《ながの》県小布施《おぶせ》町。行政と住民が協働でまちづくりを行った町として有名です。その風土を幼少期から感じていたのかどうか定かではないのですが、漠然《ばくぜん》とまちづくり、建築デザインを学んでみたいと思い、高校卒業後、工学院大学建築学部へ進学しました。

本気でまちづくりを専攻《せんこう》したいと思い、3年生から「都市計画」研究室に入り、設計事務所が新たな都市のあり方について検討する「ヘルスケアシティ構想」という、健康からまちづくりを考える研究にたずさわったりしました。

4年生の時、民間のコンサルタント会社や不動産デベロッパーなどを就活でまわったのですが、途中《とちゅう》で自分のやりたいことがわか

住民の方々に向けた説明会の資料を作成

らなくなり、先生の助言もあって大学院へ進学しました。修士の2年間は函館《はこだて》市の住環《じゅうかん》境《きょう》を調査して論文をまとめました。また、東京・お茶《ちゃ》の水《みず》にある複合施設《しせつ》「ワテラス」内の学生マンションに住み、学生が積極的に地域活動に参加する仕組みづくりにかかわっていました。そこでエリアマネジメントという企《き》業《ぎょう》と住民が協力し合いまちをつくり、まちを育てるといった取り組みを実践《じっせん》で学ぶことができました。

　そうした経験を経てやはり直接住民にかかわりながらまちづくりにたずさわることができるのは公務員だと思い、東京都の地方公務員上級（技術職）を受けました。

　墨田区は今、人口も増えています。ますます住みやすいまちになるよう貢献《こうけん》していきたいと思っています。

性能を重視して、快適で便利な建物をつくる

卒業生インタビュー 4

NTT《エヌティーティー》ファシリティーズ東日本事業本部
都市・建築設計部設備設計部門　一級建築士
北海道大学《ほっかいどうだいがく》工学部環境社会工学科建築都市コース卒業

工藤和樹《くどうかずき》さん

青森《あおもり》県の豪雪《ごうせつ》地帯で育つ。建築は地域に根ざすものだと考え、出身地のような寒冷地の建築が学べる北海道大学へ。同大学大学院修士課程を経て就職。一級建築士、建築設備士の資格をもつ。

取材先提供

大学での研究が活かせる会社へ

積雪の多い青森県で生まれ育ちました。実家が建設業であこがれがあったのと、寒冷地である地元に役立つ建築が学びたくて北海道大学を選び、建築環境《かんきょう》を専攻《せんこう》。寒冷地住宅のための換気《かんき》予熱装置《そうち》の研究をしました。氷点下になることも多い真冬の外気をいったん温めてから室内に取り入れるシステムです。

修士課程ではこのシステムに人工知能（AI）を取り入れた制御《せいぎょ》システムの開発と評価を行いました。研究テーマは「機械学習を利用した蓄熱換気《かんき》予熱システムの制御《せいぎょ》手法の開発」。AIが天気予報サイトにアクセスし、10分後、1時間後の天気に合わせて蓄熱《ちくねつ》すべきか、放熱すべきかを自動的に判断するAI制御《せいぎょ》システムの開発を行っていました。

建築環境《かんきょう》と技術を掛《か》け合わせた研究をしてきたので、それが活かせる仕事ができそうなNTTファシリティーズに入社しました。

空調と衛生設備の設計を担当

NTTファシリティーズは建物の企画《きかく》・構想段階から設計・監理《かんり》、さらには施工《せこう》後の維《い》持《じ》管理、改修など建設にかかわるすべてをトータルに行う、組織建築設計事務所です。私は都市・建築設計部に所属し、主に建物の空調設備や衛生設備など建築設備全般《ぜんぱん》を設計する業務にたずさわっています。

大まかな設計は基本計画・基本設計、実施《じっし》設計という流れになります。基本計画・基本設計では施主《せしゅ》と打ち合わせをし、どのような建物にしたいかをヒアリングします。その際、意匠《いしょう》系の建築士が建物全体のデザインや計画を考え、構造系の建築士が安全性、頑丈《がんじょう》性を確保できるよう建物の骨格を考えます。

それらを踏《ふ》まえた上で私を含《ふく》めた設備担当の建築士が、空調や給排水《きゅうはいすい》、電気、照明など建物に入れるべき設備を考えます。最近は地球環境《かんきょう》への影響《えいきょう》を考慮《こうりょ》し、省エネ性能を上げること、CO_2を削減することが国の規定で定められているので、そのことも重視しながら設計を進めていきます。

基本計画・基本設計が終わると、より具体的、詳細《しょうさい》に設計を進める実施《じっし》設計に移ります。最終的に設計した内容を図面に表現して施主《せしゅ》に納品します。大規模な案件だと建築士だけで十数名がかかわっていたり、設計期間が数年に及ぶこともあります。苦労することや大変なこともありますが、完成を喜んでくれる人たちがいることが大きなやりがいです。

建築士としてのこだわりは「性能」

建物には地域性があり、住宅を例にすると北海道や東北では冬の暮らしを重視して断熱・気密性能が高いものが求められ、関東以南では夏の暮らしを重視して通気性や縁側のような開放的な空間が求められる傾向があります。このように地域性に注目するだけでも建物を利用する人のニーズは変わります。建築士はさまざまな条件を踏《ふ》まえて、施主《せしゅ》に最適な建物を設計します。私は設備設計の建築士として建物の「性能」をよりよいものに設計するよう、施主《せしゅ》により快適で、より便利になるようなご提案を心がけています。

最近では某超高層《ちょうこうそう》ビルの設計や、某百貨店の大規模改修設計などに取り組んでいます。どんな案件でも正解がないので、「私はこれがいい」と思っても、チームを組むメンバーの意見が違《ちが》うこともしばしば。でも、そこはコミュニケーションをとりながら、よりよいものを構築していくことを心がけています。

今後は今ある建築という枠組《わくぐ》みと、ＩｏＴ、ＡＩなど最新の情報技術をかけ合わせてよりよい世の中になるものをつくっていきたいなと思っています。たとえば、仕事中、小腹が空いたらロボットが食事を運んでくれたり、暑いと感じた瞬間《しゅんかん》、スポット的に空調が作動し、自分にとって心地よい風を送ってくれるとか。建物のほうが実際に使う人たちの趣《しゅ》味《み》、嗜好《しこう》に合わせて動いてくれる、そんな未来のかたちを思い描《えが》いているところです。

学生時代に多くのチャレンジを

大学院在学中、ある財団の学生対象の研究

意外に社内外の人たちとコミュニケーションをとる時間が多い仕事です

費助成公募《こうぼ》に応募《おうぼ》した研究テーマが認められ、研究資金を獲得《かくとく》しました。それを軍資金に北《ほく》欧《おう》4カ国の研究機関、環境《かんきょう》省などをまわり、その期間中民泊《みんぱく》した家では、部屋の温湿度やCO_2濃度を計測していきました。さらに、出会った民泊先の住人や学生に実施《じっし》したアンケート結果と合わせると、北欧では日本と違《ちが》って寒さを我慢《がまん》して暖房《だんぼう》費を節約するという概念《がいねん》がなく、暖かな家に住むことは人間にとってごく自然であたりまえだという価値観があることがわかりました。有意義な研究成果を得られたので、学生時代にこうした経験をもっとしておけばよかったと後悔《こうかい》したほど。

建築学部はやるべきこと学ぶことが本当に多いのですが、時間をつくって外の世界を見ておくことをおすすめします。その経験は社会人になってから必ず役立ちます。

5章

建築学部をめざすなら何をしたらいいですか？

Q19 建築学部のある大学の探し方・比べ方を教えてください

まずはインターネットでチェックする

「はじめに」で説明したように、「建築学部」と銘打《めいう》っている大学は現在全国で10を超えるほどの大学にしかない。多くは、工学部の中の建築学科、もしくは理工学部、デザイン工学部、都市科学部、都市環境《かんきょう》学部、環境《かんきょう》科学部などの名称《めいしょう》の学部に「建築学科」として含《ふく》まれている。

しかも、複雑なのは「建築学科」という名称《めいしょう》ではなくて、「建築デザイン学科」「建築都市デザイン学科」など学科の名前もさまざまだということだ。どこの大学に建築関連の学部・学科があって、何が学べるのかが実にわかりづらいのだ。

でも、嘆《なげ》いていてもしかたない。漠然《ばくぜん》とでいい、すでに気になる大学、行きたいなと思っている大学があれば、そこに建築系の学部・学科があるかをまず確認してみよう。

特に大学にはこだわらない、ということであれば、進学総合情報サイトなどを活用してどの大学に建築関連の学部・学科があるかを調べてみる。そのなかで気になる建築学系の学部・学科が見つかったら、ホームページで細かな情報をチェックしよう。

まだ、「何となく建築学系がいいかな」ぐらいの感じであれば、1年生の時点では全学共通の科目履修《りしゅう》で、2年生以降、いずれかの専門コースから選択《せんたく》できるシステムを導入している大学もあるので、そういった大学をいくつか探して比較《ひかく》検討するのがおすすめだ。

どの分野の研究室が多いかでその大学の〝得意〟がわかる

大学によって意匠《いしょう》（建築デザイン）分野が強いとか、建築設備が強い、建築構造が強いなどそれぞれに得意分野がある。自分が進みたい分野がある程度、明確なのであれば、だいたいの大学のホームページには「教員一覧」「研究室一覧」が載《の》っている。それをもとにどの分野の先生が多そうか、チェックすることをおすすめしたい。

たとえば、意匠《いしょう》の先生が多ければ、意匠に力を入れている大学だとわかるし、環境《かんきょう》・設備の先生が多ければ、その分野に強い、もしくは力を入れていることは一目瞭然《いちもくりょうぜん》。その分野においては名が知られているとか、本を出しているなどといった有名な先生がいるかどうかもチェックしておこう。

ただ、意匠《いしょう》だったらどこの大学でも同じことが学べるんだろうと思いきや、A大学では学べることが、B大学では学べないこともあるので要注意。自分の中に確たる「こんなことが学びたい」という思いがあるなら、大学の研究室の中身まで確認しておいたほうがいいだろう。構造や環境《かんきょう》・設備においても同様だ。

「一応、意匠《いしょう》と決めてはいるものの、どんな意匠《いしょう》のことが学びたいのかまだよくわかっていない。入学してからいろいろな先生の話を聞いたりしてから自分の専攻《せんこう》を決めたい」と思うのであれば、できるかぎり、先生の数が多い大学がいいかもしれない。意匠《いしょう》を専門に研究する先生だけでも10名近くいる大学もあれば、逆に建築学部の先生の数が10名ほどで、意匠《いしょう》の研究室はひとつ二つしかないという大学もあるからだ。

オープンキャンパスでは先生と先輩《せんぱい》の話を聞こう

ある程度、志望校が絞《しぼ》れてきたら、ぜひ大学が実施《じっし》するオープンキャンパスに行ってみよう。ほとんどの大学が夏休みの期間に行っている。実際に目で確かめるチャンスだ。

施設《しせつ》の見学ツアーをはじめ、学科紹介《しょうかい》、相談コーナーなど独自のイベントを開催《かいさい》している。模擬《もぎ》授業も実施《じっし》されていたらぜひ受けてみて！　自分がその授業をおもしろいと思えるかどうかを確認できる絶好のチャンスだ。

キャンパスの広さはどれくらいか、施設《しせつ》・設備は充実《じゅうじつ》しているか、実習や実験などで使うCADなどの数は学生数に対して、どれくらいあるかなどもチェックしてほしい。**特に計画系と技術系それぞれの分野の研究室の先輩《せんぱい》たちからの体験談は、絶対聞いておきたい。**意匠《いしょう》設計を専攻《せんこう》している先輩《せんぱい》には、自作の製図や模型を見せてもらおう。技術系の先輩《せんぱい》には実験室に案内してもらい、どんな実験をやっているかを聞いてみるといいだろう。大学によっては卒業生による講演会があったりするので、就職先が気になる人は見逃《みのが》さないように。なお入試方法など、受験対策に役立つ情報も忘れずに仕入れておこう。

学費は国公立と私立大で差がある

気になる学費だが、**国公立大だと初年度が60万円から90万円。4年間で約240万円から360万円程度。私立大学になると初年度で150万円から180万円前後で、4年間トータルで600万円から800万円弱。**国公立大は東京とほかの地域で結構差があり、私立大学に関しては大学によってかなり異なってくる。もし、学生寮《りょう》や下宿で一人暮らしをする場合、さらに費用がかさむ。保護者との相談が必要になってくる。

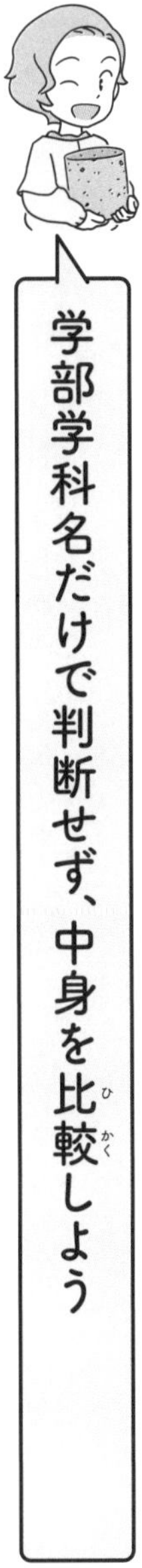

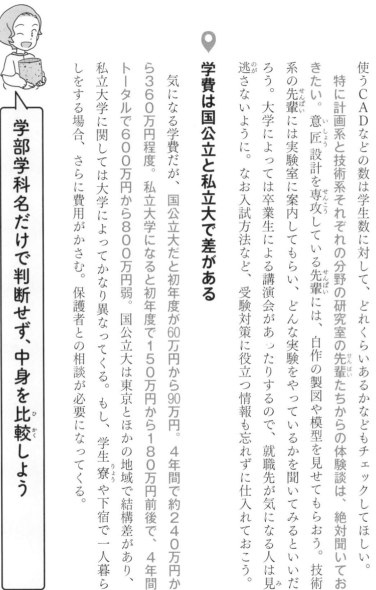

学部学科名だけで判断せず、中身を比較《ひかく》しよう

Q20 かかわりの深い教科はなんですか？

もっともかかわりが深いのは数学と物理

何度もいうが、建築学は文系理系にとらわれない文理融合《ゆうごう》型の総合的な学問。だから、**「数学や物理が得意ではないから」とあきらめる必要はない。むしろ、文系科目である歴史や国語などの知識はあったほうが何かと役立つ。**ここでは中学・高校で学ぶ主要教科と建築学とのかかわりをご紹介《しょうかい》！

○数学……高校までの数学は、数学におけるまさに基礎《きそ》の部分。学んだ内容の多くを活かすことができる。たとえば、四則計算はもちろんだが、建築は平面と立体との調和から成立しているというのもあって、図形の体積や面積の計算、三角関数がかかわってくる。ただ、数学の知識が必要というよりは、数学的な考え方ができることのほうが大事。数学は答えを出すことだけでなく、答えを出すまでのプロセスが大切な科目。それをくり返し行うことでおのずと問題を解決する力が身についてくるはずだよ。

○物理……理科の科目には物理、化学、生物などがあるが、建築学で必要になってくるのは物理、なかでも特に力学だ。とはいえ、決して得意でなくても建築の道に進むことはできる。入学してから、建築学に必要な物理を、あらためて勉強することはできる。**受験科目として物理を選択《せんたく》しなくても受験できる大学もある。**

ただし、技術系、特に「建築構造」をめざすのであれば、「構造力学」はマスト。物理のなかの力学はきちんと学んでおいたほうが賢明だ。

国語、社会、英語も大切

国語の力もあったほうがいい。

なぜかというと大学生になると研究発表したり、場合によっては自分たちの企画《きかく》を学外の人たちに提案したりといった機会も出てくる。その際、どれだけ的確に自分の言葉で伝えられるかが大事になってくるからだ。

言葉での表現力、コミュニケーション能力、それと人の言動を理解する力が社会人になって実際に働くようになると、ことさら重要になってくる。本を読む際は「この著者は何が言いたかったのか？　何を伝えようとしているのか？」と考える習慣をつけておくといいだろう。

社会で学ぶ知識も建築分野には不可欠。耐震性《たいしん》にすぐれた構造や省エネを考慮《こうりょ》した設備機器などの開発研究というと、確かに社会とは縁遠《えんどお》い印象になる。でも、古い建造物を対象にした研究では、「どういう歴史的文化的背景をもっているのか」を調べるし、建物内での人の動きに配慮《はいりょ》した建築設計のように、社会との結びつきが強いのが建築学部の大きな特徴《とくちょう》でもあるからだ。

地理では各地域の自然環境《かんきょう》や社会環境《かんきょう》、また、世界各国の文化の特色なども把握《はあく》しておきたいもの。公民の授業を通してグローバルな視点で社会を見る目を養い、哲学《てつがく》、宗教などについての知識も深めておきたいところだ。

同様に英語もとても大切。大学では学習や研究を進める中で、論文に載《の》っている内容から知識を得ようとすることが多いのだが、日本の論文だけでは情報が足りないということも。そんな時に海外の論文に目を通すことになるわけだが、そこでどうしても英語力が必要になってくる。逆に英語の論文がすらすら読める力があれば、欲しい情報をすばやく手に入れることができるというわけだ。

また、学会などで研究成果を英語で発表しなければならないこともある。特に修士課程・博士課程になると論文も発表も英語で、という条件がついたりすることも。もちろん、大学へ入学してから英語力を身につけていくこともできるけれど、中学・高校の段階で、少なくとも苦手意識をもたずに英語を学習できるぐらいになっておいたほうが、より楽しんで学習や研究に打ち込《こ》めるはずだ。

情報も今後、建築と深くかかわってくる

そのほかの美術や情報、総合的な学習の時間などの教科も、すべて建築学部の学びに生きてくる。

とりわけ美術では絵画や彫刻《ちょうこく》、デザインなどの鑑賞《かんしょう》や表現の授業を大事にしてほしい。建築の美しさがわかる感性を育むことにもつながるからだ。

情報の授業では、コンピュータをうまく活用し、問題を解決に導く方法を修得しておくといい。建築の世界にもデジタル技術がどんどん入り込《こ》んでいる。今後、ますますかかわりが深くなっていく分野だといえる。

建築はいろいろな知識があるほうがより楽しんで学べる。中高生のみんなは今のうちから好き嫌《きら》いをもたず、どの教科もおろそかにしないで向き合っておこう。

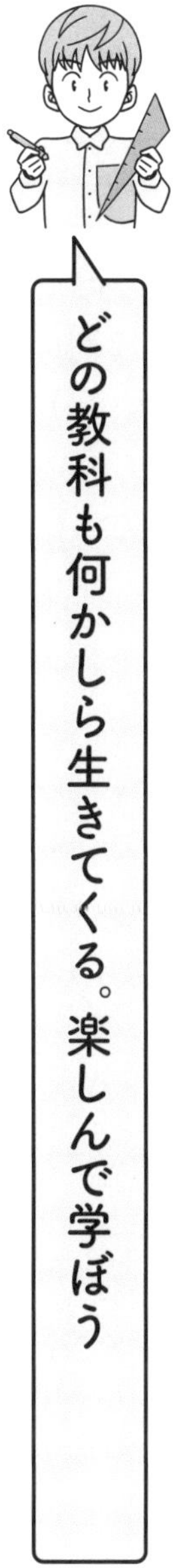
どの教科も何かしら生きてくる。楽しんで学ぼう

Q21

学校の活動で生きてくるようなものはありますか？

部活動では積極的に先輩《せんぱい》とトーク

高校で人気部活アンケートというのをインターネットで見かけたことがある。1位は何かな？　とワクワクしながらチェックしたところ、なんと「帰宅部」。さすがにちょっとさびしい気持ちになってしまった。なぜなら中学・高校時代の部活動での経験はいろいろな面で大学生以降の人生に大きく生きてくるからだ。

運動系・文化系両方の部活動に共通していえるが、まず、ひとつのことに打ち込《こ》んだ経験によって集中力が培《つちか》われる。建築学部では学習においてもそうだけど、図面を描《か》いたり、模型をつくったりと集中して取り組む学習が非常に多い。それだけに集中力があることは大きな武器になるはず。同時に部活動を通して自分の得意をつくることもできる。どんなことでもいい、人間、何かひとつでも得意と思えることがあれば、大きな自信につながるものだ。

さらにみんなで協力してやりとげた経験も大学へ入ってから大いに役立つ。というのも、大学ではグループ実験をしたり、フィールドワークに出たりする機会がたくさんあるからだ。実験の結果を出すにしても、フィールドワークで得た情報をひとつにまとめるにしてもみんなで議論をすることになる。部活動でもみんなといっしょにがんばったり、時に意見を言い合ったりすることってあるよね？ その経験すべてを活かせるというわけだ。

しかも、部活動には同い年の同級生だけでなく先輩《せんぱい》と後輩《こうはい》もいる。年齢《ねんれい》や価値観の異なる仲間と活動することで協調性や忍耐力《にんたいりょく》が養われる。後輩《こうはい》の立場だとわからないことが先輩《せんぱい》になるにしたがって理解できるようになるし、指導する立場になると今度は自主性や責任感も芽生えてくる。そこで培《つちか》ったコミュニケーション能力もまた、大学生活を送る中で必ず生きてくるに違《ちが》いない。

インターンシップで職業人と交流

みんなの中学や高校では職業体験や職場体験を行っているかな。それらと似た内容で、大学で経験するものにインターンシップがある。企業《きぎょう》や自治体などで実際に就業体験をすることだ。そこで働く世代の異なる職業人とコミュニケーションをとることや、プロの仕事を目の当たりにすることができる絶好のチャンスでもある。もし、職業体験などをすでに経験しているんだったら、短期間でも有意義だったと身をもって実感したはずだ。大学生になってからも、ぜひ体験してほしい。できれば建築関連の会社や部署へ行ってほしいところだけど、建築と関係のないところでも勉強になることはたくさんある。たとえば、職場における社会ルールやマナーを直接学ぶことができる。そもそも「働くとはどういうことなのか」とか、自分の将来について考える機会にもなる。そして、何より大事なのは振《ふ》り返り。「インターンシップを経験して楽しかった」で終わらせず、ちゃんと振《ふ》り返ることで自分の気持ちを整理できる。いざ進路を選択《せんたく》する際にも役立つはずだ。

デッサンの練習もしておく

美術の授業を選択《せんたく》していてもいなくても、建築学部を志望するなら、ふだんから絵を描《か》く練習をしておこう。対象は風景でもなんでもOK。自分がいいなと思ったものがあれば、暇《ひま》な時間に描《か》いてみるといい。上手に描《か》けなくても全然かまわない。描《か》くことが楽しいと思えたらしめたもの。前よりうまくなっている証拠《しょうこ》だ。

実は先輩《せんぱい》たちに「中学・高校時代にやっておけばよかったことは？」と聞いたところ、「もっと絵を描《か》いておけばよかった」というコメントが圧倒的《あっとうてき》に多かった。それだけ大学での学びに必要なことだったというわけだ。「図面は定規をきっちりあてれば描《か》けるので

絵を描《か》くことを習慣化すると大学での勉強もスムーズ

すが、たとえば、建物の外観イメージなどを伝えるために絵を描《か》かなくちゃいけないのですが、そのイメージ画を描《か》くのに苦労したので」と理由を話してくれた先輩《せんぱい》もいた。

なお、「タブレット端末に描《か》くのもいいのですが、できれば手描《てが》きでも描《か》く練習を」というのもある先輩《せんぱい》からのアドバイス。手描《てが》きできちんと表現できるようになれば、タブレット端末でも上手に描《か》けるようになるとのことだ。

気になることは本を読んで情報収集を

Q20でもお話ししたように、すべての教科の内容が建築の勉強にはつながる。したがって歴史でも文化でもなんでもいい、興味をもったことがあれば、インターネットで調べるのではなく、**本を読んで知識を深めることを心がけてほしい**。インターネットだと自分が欲しい情報がピンポイントで得られて便利だけど、本の場合、知りたいことの周辺にある情報も得ることができ、より幅広《はばひろ》く知ることができる。大学では文献《ぶんけん》を読むことも多いので、今のうちに本を手にとって情報収集をする習慣を身につけてほしい。

Q22 すぐに挑める建築学部にかかわる体験はありますか？

近くにある歴史的建造物など建築めぐりをする

　1章でも少しふれたが、建築学部の学生の多くは休日になると建築めぐりをしている。ただ、大学生が建築めぐりをする場合、授業で学んだことを自分の目で確かめていくといった意味合いがあるが、中高生の場合、そこまでの知識がまだないからこそ、新鮮《しんせん》な気持ちで眺《なが》めることができる。余計な情報がないぶん、ピュアな気持ちで学べる。だからこそ、ぜひ中高生の頃《ころ》から建築めぐりをしてほしい。

　たとえば、東京《とうきょう》駅の丸《まる》の内《うち》駅舎はレンガと鉄筋でつくられた華麗《かれい》な様式建築だ。皇室専用の中央玄関《げんかん》には細かな装飾《そうしょく》が各所に施《ほどこ》されており、それは見事なものである。もともと1914年に辰野金吾《たつのきんご》という建築家の設計によってつくられたものだが、2007年から復元工事が行われ、2012年に工事が完了《かんりょう》し、今にいたっている。どうだろう？　これだけ聞いただけでも東京駅の丸の内駅舎に歴史があることがわかり、さらに

知りたくなった人もいるんじゃないかな。

アニメやドラマのロケ地など、いわゆる聖地巡《じゅん》礼《れい》が趣味《しゅみ》という人は出かけていったついでにその場所で、気になる建築物を見つけて眺《なが》めてみよう。どうしてこんなかたちになっているのかなとか、壁《かべ》はどうしてこの色にしたのかな、などとあれこれ思いをめぐらせてみるだけで建築物を見るのが俄然《がぜん》楽しくなってくるはずだ。

まだ、その建築物について深くわからなくても、いくつもふれておくことで、「実はこうだったんだ」というのが後々わかってくることもあるからこそ、まず「見ておく」ことが大切なんだ。

建築家になった人たちには、高校時代に見た建築物があまりに強烈《きょうれつ》だったので、この道に進んだという人も少なくない。自分の人生を変えてしまうほどの建築体験、みんなにもぜひ味わってみてほしい。

美術館&ギャラリー探訪

建築めぐり同様、さまざまな芸術作品にふれておくことも大切だ。

ある大学生は、一見しただけでは何かわからない彫刻《ちょうこく》などの現代アートを鑑賞《かんしょう》するために、美術館やギャラリーへよく行くそう。「その作品にどんな思いがこめられているのか最初は全然わからないのですが、自分なりに考えてみます。で、その後に説明書きを読んで、あーそういうことだったのか、と。ただ、それだけなのですが、それでも何かしら、自分のこやしにはなっている気がします」とのこと。一見、無意味に思えるかもしれないが、これは建築体験にも通じるものがある。

何を表現しようとしているのかわからなくていい。むしろ、わかろうとしなくていいので、何かを感じるために美術館やギャラリーに足を運び、さまざまな作品にふれてみてほしい。

どんなことでも興味をもってチャレンジ

建築学は人の生活に根づいた上で成立している学問でもある。だから、私たちが日々の生活の中で見たり聞いたりふれたりした、すべての

中高生のうちにいろいろな世界にふれておこう

経験が建築学部での学びや研究に、何かしらのかたちで生きてくる。逆にいえば、どんな経験が役に立つかわからないところがあるからこそ、ちょっとでも興味をもったことがあれば、どんどん首をつっこんでチャレンジしよう。断言してもいい。好奇心《こうきしん》が旺盛《おうせい》であればあるほど、建築の世界に向いている。

それと、今はなんでもインターネットで情報が入ってくる。それも大事なことだが、それこそスノーボードでもなんでもいい、外に出て身をもって体験することで得られる情報も大切にしてほしい。

たとえば、実際にスノーボードをやったことのある人にしかわからないスピード感や恐怖心《きょうふしん》、あるいは達成感がある。

そういう実体験で得た情報によって、自身の引き出しがどんどん増えていく。そして、その引き出しが建築学部の学び、そして将来、建築の道へ進んだ時に何かしらのかたちで役立つはずだ。

著者紹介

いのうえ りえ

愛知県生まれ。編集プロダクションを経てフリーランス。現在は編集・ライター／コピーライターとして著名人をはじめ、さまざまなジャンルで活躍する人びとの取材・執筆を数多く手がける。テーマは仕事、人生、会社、職業、学び（学部紹介、資格、社会人大学院、通信制大学）、エンタメ（映画、舞台など）、健康、医療、不動産、旅行など多岐にわたる。著書に『不動産鑑定士・宅地建物取引士になるには』（ぺりかん社）などがある。

なるにはBOOKS 大学学部調《だいがくがくぶしら》べ
建築学部《けんちくがくぶ》 中高生《ちゅうこうせい》のための学部選《がくぶえら》びガイド

2024年5月10日　初版第1刷発行

著者　いのうえ りえ
発行者　廣嶋武人
発行所　株式会社ぺりかん社
〒113-0033　東京都文京区本郷1-28-36
TEL：03-3814-8515（営業）/03-3814-8732（編集）
http://www.perikansha.co.jp/

装幀・本文デザイン　ごぼうデザイン事務所
装画・本文イラスト　保田正和
写真　編集部
印刷・製本所　株式会社太平印刷社

ISBN978-4-8315-1665-7
Printed in Japan

仕事の実際から
なり方まで解説

なるにはBOOKS

B6判／並製カバー装
平均160頁

105 保健師・養護教諭になるには
山崎京子（元茨城キリスト教大学教授）監修
鈴木るり子・標美奈子・堀篭ちづ子編著
❶人びとの健康と生活を守りたい
❷保健師の世界［保健師とは？、仕事と職場、収入・将来性、なるにはコース］
❸養護教諭の世界［養護教諭とは？、仕事と職場、収入・将来性、なるにはコース］
★★★

16 保育士になるには
金子恵美（日本社会事業大学教授）編著
❶子どもたちの成長に感動する日々！
❷保育士の世界［保育士の仕事、保育の歴史、保育士の働く施設と保育の場、勤務体制と収入］
❸なるにはコース［適性と心構え、資格取得について、採用について］
☆

19 司書になるには
森智彦（東海大学専任准教授）著
❶本と人をつなぐ仕事
❷司書の世界［図書館とは何か、司書・司書教諭・学校司書の仕事、図書館と司書の未来、生活と収入］
❸なるにはコース［適性と心構え、資格の取得方法、就職の実際他］
★★★

56 幼稚園教諭になるには
大豆生田啓友（玉川大学教育学部教授）著
❶子どもたちの最初の先生！
❷幼稚園教諭の世界［変化する幼稚園、幼稚園教諭の役割、幼稚園・認定こども園で働く人たち他］
❸なるにはコース［幼稚園教諭の適性、免許の取得方法、就職他］
★★★

110 学芸員になるには
横山佐紀（中央大学准教授）著
❶モノと知の専門家
❷学芸員の世界［博物館とはなんだろう、博物館の種類、学芸員とは、仕事と職場、さまざまな専門性、生活と収入他］
❸なるにはコース［適性と心構え、資格の取得方法、就職の実際他］
★★★

29 小学校教諭になるには
森川輝紀・山田恵吾著
❶子どもたちのかけがえのない日々
❷小学校教諭の世界［教師の歴史、小学校の組織とそこで働く人たち、一年間の仕事、一日の仕事、給与他］
❸なるにはコース［心構え、教員免許をとるために、教壇に立つには］
★★★

84 日本語教師になるには
益田美樹（ジャーナリスト）著
❶日本の文化と言語を世界へ！
❷日本語教師の世界［日本語教師とは、成り立ちと歴史、日本語教師の役割、仕事内容、職場、勤務状況と給与他］
❸なるにはコース［適性と心構え、日本語教師へのキャリアパス、就職他］
★★★

89 中学校・高校教師になるには
森川輝紀（福山市立大学教育学部教授）編著
❶生徒とともに学び続ける
❷中学校・高校教師の世界［中学校教師の職場と仕事、高校教師の１年間の仕事、実技系教師、給与他］
❸なるにはコース［心構え、資格を取るには、教壇に立つには］
☆

補巻 25 教育業界で働く
三井綾子（教育ライター）著
❶教育業界って何だろう
❷学力や受験にかかわる仕事［進学塾、個別指導塾、通信教育講座、オンライン学習サービス、プログラミング教室他］
❸幼児や社会人の教育にかかわる仕事［英会話教室、資格学校、教育研修コンサルタント他］
★★★

66 特別支援学校教諭になるには
松矢勝宏（東京学芸大学名誉教授）・
宮崎英憲・高野聡子編著
❶特別支援学校ってどんなところ？
❷特別支援学校教諭の世界［障害のある子どものための学校教育の歴史他］
❸なるにはコース［適性と心構え、必要な教員免許状、養成機関、採用・就職］
★★★

☆☆☆…1600円　★★★…1500円　☆☆…1300円　★★…1270円　☆…1200円　★…1170円（税別価格）

10 通訳者・通訳ガイドになるには
鑓田浩章(エディトリアルディレクター)著
❶日本と世界の懸け橋として
❷通訳者・通訳ガイドの世界［通訳者の誕生から現在まで、通訳者・通訳ガイドが活躍する現場、生活と収入、将来性］
❸なるにはコース［適性と心構え、通訳者への道、通訳関連の資格について他］
★★★

142 観光ガイドになるには
中村正人(ジャーナリスト)著
❶"おもてなし"の心をもって
❷通訳案内士の世界［観光ガイドを取り巻く世界、通訳案内士とは、生活と収入、通訳案内士になるには他］
❸添乗員の世界［添乗員とは、添乗員の仕事、生活と収入、添乗員になるには他］
☆

61 社会福祉士・精神保健福祉士になるには
田中英樹(東京通信大学教授)・
菱沼幹男(日本社会事業大学准教授)著
❶支援の手を差し伸べる
❷社会福祉士の世界［現場と仕事、生活と収入・将来性、なるにはコース］
❸精神保健福祉士の世界［現場と仕事、生活と収入・将来性、なるにはコース］
★★★

100 介護福祉士になるには
渡辺裕美(東洋大学教授)編著
❶利用者の生活を支える
❷介護福祉士の世界［社会福祉とは、介護福祉士の誕生から現在まで、活躍する現場と仕事、生活と収入、将来性他］
❸なるにはコース［適性と心構え、介護福祉士への道のり、就職の実際他］
★★★

補巻 24 福祉業界で働く
戸田恭子(フリーライター)著
❶まずは福祉業界を学ぼう
❷日常生活をサポートする福祉の仕事
❸さまざまな相談に応じる福祉の仕事
❹身体機能の回復を図る福祉の仕事
❺健康管理・病気予防のために働く福祉の仕事
❻まだまだある福祉の仕事
★★★

65 地方公務員になるには
井上繁(元常磐大学教授)編著
❶地域のために
❷地方公務員の世界［地方公務員とは、地方公務員の職場・組織、さまざまな地方公務員、生活と収入、将来］
❸なるにはコース［適性と心構え、試験の概要、就職の実際］
☆

20 国家公務員になるには
井上繁(元常磐大学教授)編著
❶国民全体の奉仕者として
❷国家公務員の世界［国家公務員とは、国家公務員の特殊性、役所の機構と業務、生活と収入他］
❸なるにはコース［適性と心構え、なるための道のり、試験の概要他］
☆

83 国際公務員になるには
横山和子(東洋学園大学特任教授)著
❶世界の平和と安全に取り組む国際公務員
❷国際公務員の世界［日本と国連とのかかわり、国連・国際機関の組織と仕組み、職場と仕事、生活と収入、将来性］
❸なるにはコース［適性と心構え、国際公務員への道のり、なるための準備］
★★★

23 外交官になるには
飯島一孝(元毎日新聞社編集委員)著
❶外交の最前線を担う！
❷外交官の世界［外交とは、日本の外交、外務省の歴史、外務省の組織、在外公館、生活と収入、外交官のこれから他］
❸なるにはコース［適性と心構え、採用試験、研修制度］
★★★

51 青年海外協力隊員になるには
益田美樹(ジャーナリスト)著
❶自分の技術と経験を活かす青年海外協力隊員
❷青年海外協力隊員の世界［青年海外協力隊とは、青年海外協力隊の歴史、社会的意義と役割、選考と試験他］
❸ほかにもある海外協力［国連組織で働く、民間で行う支援］
★★★